ロバート馬場の ばばっと作れて一生うまい！

# 馬場ごはん
# ベストレシピ

馬場裕之

Gakken

## はじめに

みなさん、こんにちは。馬場裕之です。
この本を手に取ってくださったみなさん、本当にありがとうございます。

僕がYouTubeチャンネル「ばばっと！馬場ごはん」の配信を始めたのが2020年で、なんだか今まであっという間でした。最初は、手の込んだ料理を紹介しようかな？ とか、いろいろ考えていたんですけど、みなさんと交流するなかで、簡単に手に入る食材で"ばばっと作れておいしいもの"を、毎日献立を考えるのが大変な人たちに提案したいな、という想いがどんどん大きくなっていきました。手の込んだ料理はもちろん特別においしいけれど、大切な毎日の暮らしを支える、そんな、日々の食卓に並ぶ、やさしくて寄り添える料理を一緒に考えていきたいな、と。

＼開始当初はこんな感じでした／

最初は自宅のキッチンでスタート！ なつかしいですね。
あれから、どんどん進化を続けています！

これまで配信を続けてきて、やっぱりうれしいのは、みなさんの「おいしい」の声です。その声が、今まで続けてこられた原動力ですね。みなさんのコメント、僕はいつも見ています。いろんな声をもらうたびに、張り切ってしまって（笑）。料理にとって、「うれしい」と「おいしい」って、セットで大切なんだな、ってすごく実感しています。

この本では、これまで「ばばっと！馬場ごはん」で紹介してきた料理たちの中でも、特に反響の大きかったレシピや、材料が少なかったり、簡単だったり、時短でできちゃうお手軽料理たちを僕が厳選しました。「ばばっと！馬場ごはん」が、こうしてレシピ本となってみなさんに会えたことに、心からの感謝の想いでいっぱいです。

さて、みなさん。今日は何を作りましょうか？

ばばっと作れて簡単おいしい、
88品+αを紹介！
（派生やアレンジを含めると100品以上！）
みなさんの毎日が、
おいしく、楽しく、
素敵な日々になりますように。

> 僕のレシピは基本的に、食材の味を生かすこと、
> 簡単でおいしいって思ってもらえる料理を目指しています。
> おうちにある食材でも「こんなにいろんな料理が作れますよ」
> って提案して、どんな感想が返ってくるか、いつもワクワクしています。
> これからも、みなさんと一緒に料理を楽しんでいきたいですね。

# Contents

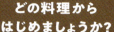

- 2 　はじめに
- 10　レシピページの使い方

## 11　PART 1
### ベリーベストオブ ばばっとごはん TOP10

- 12　具材は卵だけ！ 僕が10歳から作ってる
  **卵チャーハン**
- 13　シンプルだけどやみつきになる
  **キャベツ焼き**
- 14　作った僕も驚いた！ 衝撃のうまさ
  **焼きもやし**
- 15　割いて振って焼くだけ
  **えのきのカリカリ焼き**
- 16　母ちゃん直伝♪
  **ポリポリきゅうり〜ピリ辛中華ver〜**
- 17　馬場家の夏は、毎年これ！
  **無限きゅうり2品**
- 18　エビマヨの鶏バージョン
  **鶏マヨ**
- 19　爆速で一生お付き合いしたくなる
  **無限ツナ大根**
- 20　一度食べたらクセになる
  **バカ旨まぜそば**
- 21　絶対に形がくずれない作り方
  **玉ねぎステーキ**

- 22　COLUMN 01
  **僕と料理〜YouTube配信への想い〜**

## 23　PART 2
### 絶対失敗しない 定番うまい ばばっとごはん

- 24　隠し味のナンプラーでおいしさ倍増
  **豚キムチ&豚キムチチャーハン**
- 26　成功率99％ 絶対に硬くならない
  **豚肉のとろっとろニラ玉**
- 27　くずれない&硬くならない♪
  **ゴーヤチャンプルー**
- 28　驚くほど柔らかい！ 目からウロコのワンパンレシピ
  **しっとり柔らか豚しゃぶ**
- 29　硬くならない秘伝の作り方
  **豚のしょうが焼き**
- 30　世界一ずるい究極の手抜きレシピ
  **ズボラ餃子**
- 31　調味料たった2つ！ 絶対に失敗しない
  **チンジャオロース**
- 32　フライパンでできちゃう♪甘酒で簡単に味が決まる
  **肉じゃが**
- 33　詰めないでのせるだけ♪
  **ピー肉**
- 34　納豆を加えたら一瞬で白米が消える
  **肉みそ納豆**

45 **PART 3**
コスパ良し!
# 食材少しでもうまい ばばっとごはん

35 硬くならない裏ワザ&簡単タルタル
**チキン南蛮**

36 母ちゃん直伝　包んでフライパンで蒸すだけ
**白身魚のホイル蒸し**

37 絶対に失敗しない初心者向け
**だし巻き卵**

38 片栗粉いらずでとろみがつく
**失敗しない麻婆豆腐**

39 食べた翌日も食べたくなる
**鶏丼**

40 今までは何だった?と思うほど 簡単&コクうま
**馬場家秘伝の豚汁**

41 焼いてつけるだけ
**揚げないなすの揚げ浸し**

42 ひと手間でもちもちの食感に♪
**濃厚ケチャップのもちもちパスタ**

43 ゆっくり炒めるだけ　焦がしねぎ油香る
**パラパラチャーハン**

44 **COLUMN 02**
僕と野菜〜生産者さんへの想い〜

46 悪魔的にうまい　一生を共にすることになる
**悪魔のささみ漬け**

47 フライパン1つで!
**バッファローチキン**

48 漬け時間ゼロで味しみしみ&カリカリ
**無限手羽**

49 指まで舐めちゃう超簡単!　無限レシピ
**枝豆ペペ**

50 レンチンするだけの夏の爆速節約レシピ
**鶏もやし**

52 行列ができる韓国屋台の
**ワンパントースト**

53 バカうまワンパンレシピ
**豚えのきのバタポン焼き**

54 一度食べたら抜け出せない
**悪魔の砂肝**

55 おいしすぎて沼っちゃう!
**厚揚げペペロンチーノ**

56 正直、エビよりうまいかも?
**ちくチリ**

57 一瞬で消えちゃうおつまみ♪
**ちくわチーズベーコン**

# Contents

- 58 おかず・おつまみ・おやつ…なんでもござれ
  **濃厚えのきチーズ焼き**
- 59 まるでホタテ
  **エリンギの磯辺焼き風**
- 60 味しみしみ㊙時短レシピ
  **大根ステーキ**
- 61 一度食べたら、もう箸が止まらない
  **アボカド漬け**
- 62 どれも5分でできちゃう
  **無限もやし3品**
- 64 安い うまい 早い
  **無限えのき3品**
- 66 馬場ごはん史上最も簡単な揚げ物レシピ
  **カリッカリ茄子**
- 67 ヤバいくらいおいしいので食べすぎ注意
  **ミニトマトの浅漬け**
- 68 下積み時代によく作った思い出の味
  **卵で100円朝食**
- 69 フライパン1つでできる
  **ぺぺたまパスタ**

- 70 COLUMN 03
  僕の相棒たち〜調理器具編〜

- 71 PART **4** 10 min.
  **10分以内でできちゃう リアルばばっとごはん**
- 72 巻いてチンするだけ
  **豚バラのレタス巻き**
- 73 味しみしみ＆超ヘルシー
  **しらたきすき焼き**
- 74 沖縄発やみつき常備菜♪
  **無限にんじんしりしり**
  フランス発やみつき常備菜♪
  **無限にんじんラペ**
- 76 梅と塩昆布と混ぜるだけ
  **大根の千枚漬け**
- 77 包丁＆火を使わない僕のヘビロテ常備菜
  **無限レンコンサラダ**
- 78 農家さん直伝
  **キャベツの塩炊き＆
  キャベツの塩炊きパスタ**
- 80 罪悪感ゼロな
  **豆腐のナムル**
- 81 大人も子どもも大好きな
  **豆腐ドーナッツ＆
  アメリカンドッグ**
- 82 無限に食べられて食欲UP
  **新玉ねぎのネバネバサラダ**
- 83 5分でできる 目玉焼きで
  **タルタルソース**
- 84 焼き鳥缶×チーズでとろ〜り濃厚
  **照り焼きホットサンド**
- 85 簡単でカラダにもやさしいお好み焼き
  **豆腐豚玉**

| | |
|---|---|
| 86 | 焼きうどん史上、最も沼るうまさ！<br>**ホルモン焼きうどん** |
| 87 | 火も包丁も使わない爆速レシピ<br>**スタミナ冷やし油うどん** |
| 88 | トマトがくずれない㊙切り方も伝授<br>**ベーコンエッグ丼** |
| 89 | 深夜の閲覧注意　究極系卵ごはん<br>**カルボナーラめし** |
| 90 | 卵豆腐＆なめこが決め手<br>**卵豆腐と豚ひき肉のバカ旨丼** |
| 91 | 爆速朝ごはん<br>**ライスペーパーロール** |
| 92 | **COLUMN 04**<br>僕の相棒たち〜調味料編〜 |

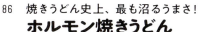

93　**PART 5**
**余り＆常備食材でうまい**
**ばばっとごはん**

| | |
|---|---|
| 94 | SNSで人気の味付け卵をアレンジ<br>**マヤック卵　馬場流アレンジ版** |
| 95 | 皮までムダにしないSDGsなレシピ<br>**大根の浅漬け＆<br>大根の皮のきんぴら** |
| 96 | パンの代わりにキャベツで罪悪感ゼロ<br>**焼きキャベツサンド** |
| 97 | 新食感　作った僕も驚いた<br>**白菜焼き** |
| 98 | おつまみにも、おかずにも♪<br>**やみつきニラ2品** |
| 99 | 秒でなくなる<br>**ツナ＆トマトのナムル** |
| 100 | 大阪名物！馬場流簡単アレンジ♪<br>**肉吸い** |
| 101 | 簡単♪やみつき常備菜<br>**無限レタスの浅漬け** |
| 102 | 包丁使わず超簡単①<br>**温　ツナ缶パスタ** |
| 103 | 包丁使わず超簡単②<br>**冷　ツナ缶パスタ** |
| 104 | 超簡単　アレンジ抜群♪<br>**温　納豆パスタ** |
| 105 | ふわもふ食感♪<br>**冷　納豆パスタ** |
| 106 | 10分らくちん夏レシピ<br>**サバ缶そうめん** |
| 107 | **COLUMN 05**<br>馬場家の食卓をみなさんへ |
| 108 | 食材別索引 |
| 110 | おわりに |

## レシピページの使い方

P11〜107だよ！

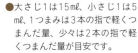
ばばっと！ 馬場ごはん

- 大さじ1は15㎖、小さじ1は5㎖、1つまみは3本の指で軽くつまんだ量、少々は2本の指で軽くつまんだ量が目安です。
- 電子レンジ、トースターの加熱時間は目安です。機器や食材の様子を見て、調整してください。
- 火加減は記載のない箇所は基本的に中火です。調理器具に応じて、火加減を見ながら、調整してください。

### スペシャルアイコン

**PART1**  YouTubeチャンネル「ばばっと！馬場ごはん」の中で、特に反響が大きかった1章のレシピについては、おおよその再生回数を表示しています（2025年1月時点）。

**PART4** 4章のテーマは時短料理。調理時間の目安をわかりやすく、大きいアイコンで掲載しています。

### ばばっと ひとこと
僕が食べたときの感想や、食材についてのひとことなど。作る料理を探すときの参考にしてください。

黄身の香ばしさ 白身の濃厚さが 口中に広がる

### ばばっとアイコン
 主食　 主菜　 副菜　 つまみ　 汁

どんな料理かすぐにわかるよう「主食」「主菜」「副菜」「つまみ」「汁」の5種類のアイコンを表示しています。「主食」アイコン下には、主となる食材「飯／パン／麺／主食（それ以外）」を表示しています。

調理時間の目安です。
※調理時間には食材を洗うなどの下準備、冷ます時間、漬けておく時間などは含みません。

### 二次元コード
この二次元コードから、YouTubeチャンネル「ばばっと！馬場ごはん」でその料理を作っている動画が見られます。

### 材料・作り方
レシピの分量は「1人前」または「2人前」を基本としています。食べる人数により、調整してください。「酒」は特に記載のない場合は日本酒（料理酒）を使っています。

記載のない箇所も、野菜は基本的に水洗いして使います。材料や作り方に「皮付き」などの表示がなければ皮をむいて、種やヘタを取り除いて調理してください。

---

View 960万回！

\具材は卵だけ！ 僕が10歳から作ってる/
## 卵チャーハン

飯　7min.　動画はこちら！

**材料** 1人前
- 卵 … 2個
- ごはん … 150g
- 塩 … 3つまみ
- 酒 … 小さじ2
- 白こしょう … 少々
- サラダ油 … 小さじ2
  ※ごま油・オリーブオイルでも◎

〈お好みで〉
- しょうゆ … 適量
- 紅しょうが … 適量

**作り方**

1. フライパンを中火にかけ、油を引いて、卵を割り入れて塩を1つまみふる。
   ※最初に卵を溶かずに目玉焼きにすることがポイント。白身の端が軽くカリカリになるまで焼くと、風味がよくなる。

2. 1にごはんを入れ、木ベラでごはんと卵の白身を切るようにしてつぶしながら、塩2つまみ、酒を加えて焼き炒める。
   ※味をみて、塩が足りなければ足す。

3. 火を止めて白こしょうを加え、ざっと混ぜる。茶碗に入れ、お皿に返して盛る。お好みで、紅しょうがを添える。

**アレンジ　馬場家定番の食べ方**
馬場家ではこの卵チャーハンを食べるとき、途中からしょうゆをかけます。目玉焼きにしょうゆをかけたみたいな風味になって、とってもおいしいんですよ。あとは、お漬物や明太子などをトッピングしても◎。ぜひ、試してみてくださいね♪

---

### ばばっとコメント

 **ポイント** そのレシピのポイントになるところを説明しています。

 **アレンジ** そのレシピのアレンジのアイデアを提案しています。

 **テクニック** その料理を作るときに便利なワザを提案しています。

# PART 1

## ベリーベストオブ
## ばばっとごはん TOP10

この章では、僕のYouTubeチャンネル「ばばっと！馬場ごはん」で紹介したレシピのなかで、とくに再生回数の多い10品を紹介します。どれも食材のおいしさはそのままに、簡単でおいしいレシピばかりですよ！

家庭によくある野菜のレシピが多いので今夜の一品にさっそく試してみませんか？

白身の香ばしさ
黄身の濃厚さが
口中に広がる

View 960万回！

＼具材は卵だけ！ 僕が10歳から作ってる／
## 卵チャーハン

 飯　 7 min.　動画はこちら！

### 材料　1人前

- 卵 … 2個
- ごはん … 150g
- 塩 … 3つまみ
- 酒 … 小さじ2
- 白こしょう … 少々
- サラダ油 … 小さじ2
- ※ごま油・オリーブオイルでも◎

〈お好みで〉
- しょうゆ … 適量
- 紅しょうが … 適量

### 作り方

1. フライパンを中火にかけ、油を引いて、卵を割り入れて塩を1つまみふる。
   ※最初に卵を溶かずに目玉焼きにすることがポイント。白身の端が軽くカリカリになるまで焼くと、風味がよくなる。

2. 1にごはんを入れ、木ベラでごはんと卵の白身を切るようにしてつぶしながら、塩2つまみ、酒を加えて焼き炒める。
   ※味をみて、塩が足りなければ足す。

3. 火を止めて白こしょうを加え、ざっと混ぜる。茶碗に入れ、お皿に返して盛る。お好みで、紅しょうがを添える。

 **アレンジ**　**馬場家定番の食べ方**

馬場家ではこの卵チャーハンを食べるとき、途中からしょうゆをかけます。目玉焼きにしょうゆをかけたみたいな風味になって、とってもおいしいんですよ。あとは、お漬物や明太子などをトッピングしても◎。ぜひ、試してみてくださいね♪

ベリーベストオブ ばばっとごはんTOP10　PART：1

## シンプルだけどやみつきになる
# キャベツ焼き

 主菜　 10min.　 動画はこちら！

### 材料　1人前

- キャベツ … 150g
- 豚バラ肉（スライス）… 50g
- ※豚こま切れ肉、ベーコンでもOK
- 片栗粉 … 大さじ1
- 塩 … 1つまみ
- サラダ油 … 小さじ1
- ポン酢 … 適量
- ※ソース、マヨネーズなども◎

### 作り方

1. 千切りにしたキャベツと片栗粉、塩をポリ袋に入れ、袋にたっぷりと空気を入れてよく振り混ぜ、全体に片栗粉をまぶす。※お好みで、だしパックなどのだしを追加しても◎。
2. フライパンに油を引き、**1**を入れ全体に広げ、中弱火でフタをし、2分焼く。
3. フタをあけ、**2**に豚肉を広げてのせ、裏面に返す。全体をフライ返しでしっかり押さえたらフタをし、さらに2分加熱する。
4. 皿に盛り付け、ポン酢を添える。

 **ポイント**

### キャベツの切り方

キャベツは半分に切った断面から、下方を削ぎ切る方法で千切りにしていくと、手を切る心配がなくなり、薄くカットできます。スライサーを使用する場合は、手前から前のほうに向かって、一方向に削ると幅をそろえやすいですよ！

カリッ・モチッ・トロッの食感で 食べごたえ◎

View 940万回！

## 材料 1～2人前

- もやし … 1袋（200g）
- ベーコン（スライス）… 1枚
- 片栗粉 … 大さじ1
- サラダ油 … 小さじ1

**【つけだれ（和風ソース）】**
- A
  - しょうゆ … 小さじ2
  - 酢 … 小さじ1
  - ごま油 … 少々
- 和がらし … 適量

**【つけだれ（洋風ソース）】**
- ケチャップ … 大さじ1
- 粉チーズ … 大さじ1
- 黒こしょう … 少々

## 作り方

1. もやしと細切りにしたベーコン、片栗粉をポリ袋に入れ、袋に空気を入れ振り混ぜる。
   ※ベーコンの代わりに豚バラ肉、ハム、ちくわなど、お好みの具材にしても◎。

2. フライパンを強火で熱し、油を引いたら中火にし、**1**を10cmほどの大きさに並べ、形を整えたらフタをして3分蒸す。

3. 小皿を用意し、1つに和風ソースの**A**を混ぜ合わせ、和がらしを添える。もう1つの小皿に粉チーズを入れ、その上にケチャップ、黒こしょうをかける。

4. **2**のフタを開け、焼けているのを確認したら裏面にひっくり返し、フライ返しで押さえながら焼く。両面に焼き色が付いたら皿に盛る。

### テクニック：もやしをシャキッとした食感にする！「50度洗い」

もやしを50度のお湯に1～2分浸すとシャキッとして、水洗いより臭みが取れます。給湯器で50度のお湯が用意できる場合はそのまま使用していいですし、沸騰したお湯に同量の水を入れると、だいたい50度のお湯ができますよ！

\作った僕も驚いた！衝撃のうまさ/
# 焼きもやし

シャキシャキとろ～り めっちゃうまい！

副菜　12 min.　動画はこちら！

View 610万回！

> えのきのうまみが凝縮されてカリッカリで香ばしい！

PART : 1 ベリーベストオブ ばばっとごはんTOP10

View 500万回！

\ 割いて振って焼くだけ /
## えのきのカリカリ焼き

 つまみ  15 min.  動画はこちら！

### 材料 2人前

**【基本の材料】**
- えのき … 1パック（可食部100g）
- ニンニク（チューブ）… 2㎝
- しょうゆ … 大さじ½
- 片栗粉 … 大さじ2
- オリーブオイル … 大さじ2
- 黒こしょう … 適量

**【チーズver】**
- チーズ（溶けるタイプ）… 20g

### 作り方

1. えのきの石づき部分をカットしてからひと口大に割き、ポリ袋に入れ、ニンニク、しょうゆを入れてよく振り、さらに片栗粉を入れ、袋に空気を入れて振り混ぜる。
2. 冷たいフライパンに1の半量を食べやすい大きさに広げのせ、中弱火にし、オリーブオイルをまわしかけ、えのきの水分を出しながら焼く。
3. 焼き目を見ながら頻繁に返し、両面を7分ほど、じっくりとカリカリになるまで焼き上げ、黒こしょうをふる。

**【チーズver】**
1. 2の工程で油を引かず、1の半量をえのきの水分を出しながら焼き、チーズをかけ、両面がカリッとするまで焼き上げ、黒こしょうをふる。

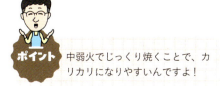 ポイント 中弱火でじっくり焼くことで、カリカリになりやすいんですよ！

View 580万回!

ごま油の風味とお酢の酸味でやみつきになる!

### ＼母ちゃん直伝♪／
# ポリポリきゅうり〜ピリ辛中華ver〜

**材料** 2人前

- きゅうり … 3本
- 炒りごま … 適量
- ごま油 … 小さじ1

A
- しょうゆ … 大さじ5
- 砂糖 … 小さじ1
- 鶏ガラスープの素 … 小さじ1
- 一味唐辛子 … 適量
- 酢 … 大さじ1〜2
- 水 … 大さじ3

**作り方**

1. きゅうりを好みの形（縦切り、輪切り、乱切り、蛇腹切りなど）に切る。
   ※皮は残したほうがパリッとして食感が良い。

2. フライパンにAを加え、中弱火でひと煮立ちさせる。

3. 耐熱のポリ袋に1と炒りごま、ごま油、熱い状態の2を入れ、空気を抜き、冷蔵庫で一晩ほど置く。
   ※2の調味料は、熱いまま入れるのがポイント。
   ※お急ぎの場合、冷蔵保存は60分ほどでも◎。もっとお急ぎの場合は、煮ても◎。

**ポイント** きゅうりのヘタを切り、切り口と切った部分を重ねてくるくるとこすると、白い泡が出ます。この泡がきゅうりのアクで、1分くらいこするとエグ味がなくなるので、きゅうりのクセが苦手だという方はぜひやってみてください！

# 無限きゅうり2品

\馬場家の夏は、毎年これ!/

副菜 / 各5min.

動画はこちら!

ベリーベストオブ ばばっとごはんTOP10  PART:1

## 材料　各2人前

**【夏野菜の浅漬け】**
- きゅうり … 2本
- なす … 1本
- しょうが … 25g
- みょうが … 2個
- しょうゆ … 小さじ1/4
- 塩 … 小さじ1/2

**【即席ポリポリきゅうり】**
- きゅうり … 2本
- 砂糖 … 30g
- A
  - しょうゆ … 大さじ1
  - 酢 … 大さじ1
  - 炒りごま … 適量
  - ラー油 … 少々

## 作り方

**【夏野菜の浅漬け】**

1. きゅうりを薄い輪切り、しょうが(皮をむいて)を千切り、みょうがを薄切り、なすを薄い半月切りにする。
   ※スライサーを使うことで簡単に薄く切ることができる。

2. ポリ袋に**1**と塩を入れてよく振り、ぎゅっと押さえて水分を出し、しょうゆを加えてさらによく混ぜる。
   ※お好みで炒りごまを散らしても◎。

**【即席ポリポリきゅうり】**

1. きゅうりを1cm幅の輪切りにする。

2. ポリ袋にきゅうり、砂糖を入れてよく振り、空気を抜いて冷蔵庫で90分ほど寝かす。
   ※時間があるときは、一晩冷蔵庫で寝かすとカリカリになる。

3. **2**から水分を除いたきゅうりを新しいポリ袋に移し、**A**を入れて空気を抜き、冷蔵庫に10分ほど寝かせる。
   ※甘い味が苦手な場合、ポリ袋に移すときに流水で洗っても◎。

---

## 夏野菜の浅漬け

**ポイント　きゅうりとなすの鮮度の見分け方**

きゅうりは表面の棘がトゲトゲしていて、ヘタの部分が傷んでいないもの。なすは、ガクの部分がトゲトゲしているものが鮮度の良いものです!

## 即席ポリポリきゅうり

View 440万回!

馬場家秘伝!
無限に食べられる
食感がたまらない!

しっとりふっくら柔らかで絶妙なおいしさ！

View 350万回！

＼エビマヨの鶏バージョン！／
# 鶏マヨ

主菜 / 10 min.

動画はこちら！

### 材料 2人前

- 鶏むね肉 … 1枚
- マヨネーズ … 大さじ2
- 塩 … 少々
- 黒こしょう … 少々
- 薄力粉 … 大さじ1
- サラダ油 … 大さじ1〜2
- 砂糖 … 小さじ1
- 牛乳 … 50ml

〈お好みで〉
- ベビーリーフ … 適量
- 和がらし … 適量
- わさび … 適量

### 作り方

1. 鶏肉の皮を取り除いて半分に切り、さらに繊維を断ち切るように厚さ1cmほどの削ぎ切りにする。

2. **1**に塩、黒こしょうをかけ、薄力粉をまぶす。
   ※小麦粉がない場合は片栗粉でも◎。薄めに、まんべんなくまぶすのがポイント。

3. フライパンを中火にかけ、油を引いて熱し、鶏肉が丸まらないように入れ、ひっくり返しながら焼く。両面に焼き色（きつね色程度）が付いたら火を止め、予熱で火を通す。

4. 砂糖、牛乳を加え、軽くフライパンを振りながら絡め、煮詰まったら火を止める。ボウルに移して粗熱を取り、マヨネーズを入れ、混ぜ合わせる。

5. お皿にお好みでベビーリーフ（写真ではサラダ菜）を敷き、**4**を盛り付ける。
   ※お好みで和がらしやわさびを添えても◎。

**ポイント**

鶏むね肉は筋（繊維）を断ち切るように切ると柔らかくなります。また、厚さ1cmくらいの削ぎ切りにすることで火の通りも良く、硬くならないですよ。

ベリーベストオブ ばばっとごはんTOP10　PART：1

### 材料　1〜2人前

【基本の材料】
大根（葉に近いほうを使用）
　…½本
塩…小さじ1

【無限ツナ大根】
ツナ缶（オイルタイプ）…1缶
マヨネーズ…大さじ2〜3
黒こしょう…少々
小ねぎ…適量

【中華風アレンジ】
鶏ガラスープの素…小さじ½
黒すりごま…小さじ2
マヨネーズ…大さじ2〜3
ごま油…少々
黒こしょう…少々

### 作り方

【基本の調理】

1. 大根を洗い、水気を切り、皮ごと千切りにする。
※千切り器を使うのがおすすめ。時短になり、断面がザラザラするので、味がからみやすい。

2. 1に塩を加え、揉み込んで柔らかくしながら、余分な水分をしっかりと出す。最後に両手でぎゅっと絞るようにして、脱水状態にする。
※脱水状態は、切り干し大根を戻したようなイメージ。

**アレンジ**　大根の絞り汁を加えてお米を炊くと、大根に含まれるアミラーゼという消化酵素の作用で、ごはんが甘く炊けます！

【無限ツナ大根】

1. 【基本の調理】の半量にツナ缶を入れ、マヨネーズ、黒こしょうを入れ混ぜる。
※ホタテの水煮缶を使うと「ホタテ大根」に。

2. 器に盛り、刻んだ小ねぎを散らす。

【中華風アレンジ】

1. 【基本の調理】の半量に鶏ガラスープの素を入れ軽く混ぜ、さらに黒すりごま、マヨネーズ、ごま油、黒こしょうを入れて混ぜる。
※黒すりごまを白すりごまや、炒りごまに変えてもOK。

爆速で一生お付き合いしたくなる
# 無限ツナ大根

動画はこちら！
副菜　6 min.

View 250万回！

無限に食べられる 主役級の味！

# バカ旨まぜそば

\ 一度食べたらクセになる /

動画はこちら!

## 材料 1人前

- 中華麺 … 1人前（平打ち・太麺がおすすめ）
- カシューナッツ … 適量
- 小ねぎ … 適量
- **A**
  - オイスターソース … 大さじ1
  - しょうゆ … 小さじ¼
  - ごま油 … 小さじ1〜1½
  - ※ラー油・ねぎ油でも◎
  - 黒こしょう … 少々
  - ※山椒・花椒でも◎

## 作り方

1. 鍋にたっぷりの湯を沸かす。
2. 盛り付け用の皿に **A** を入れ、混ぜ合わせる。
3. カシューナッツをラップに包み、ボウルなどで上から叩きつぶす。小ねぎを5mm幅の小口切りにする。
   ※カシューナッツはピーナッツやアーモンドに、小ねぎは長ねぎや、玉ねぎ、ニンニクなどに代えてもOK。
4. お湯が沸騰したら、中華麺を袋の表示時間通り茹でる。
   ※茹ではじめは麺が切れないよう、やさしく箸でほぐす。
5. 麺が茹で上がったらザルに上げて湯切りし、器に入れて **2** の調味料としっかりと混ぜ合わせ、**3** のカシューナッツ、小ねぎを散らし、黒こしょうをかける。

**アレンジ** お好みで、炒めた肉や野菜を入れてもおいしいですよ！

マジでバカみたいに簡単でバカみたいにうまい！

View 210万回!

PART : 1 ベリーベストオブ ばばっとごはんTOP10

爆速8分！
甘くてとろっとろ！
濃厚でうますぎる！

View 200万回！

＼絶対に形がくずれない作り方／
# 玉ねぎステーキ

副菜 / 8 min. / 動画はこちら！

## 材料 1人前

玉ねぎ（皮付き）… 1個
バター… 10g
黒こしょう … 少々

【たれ】
ニンニク（すりおろし）… 少々
ポン酢 … 大さじ2

〈お好みで〉
パセリ … 適量

## 作り方

1. 根の部分を掃除した玉ねぎを、根を残したまま縦半分に切り、根の反対側の先端をカットして皮をむき、耐熱容器に入れラップをして電子レンジ（600W）で4分加熱する。
   ※電子レンジがない場合は、弱火で蒸し焼きにしてもOK。

2. 小皿にニンニク、ポン酢を入れて混ぜ、たれを作る。
   ※ニンニクはチューブでも◎。

3. フライパンにバターを入れ、玉ねぎの断面を下向きにして中弱火で約1分加熱し、さらにフタをして、弱火で1分蒸し焼きにする。

4. フタを取り、玉ねぎをひっくり返して2〜3分ほど焼き、**2**のたれをまわしかけ、さらにフタをして強火で1分ほど蒸し焼きにして酸味を飛ばす。

5. 玉ねぎを取り出して器に盛り付け、残ったたれを煮詰め、玉ねぎにかける。お好みでパセリを散らし、黒こしょうをかける。

### テクニック 玉ねぎの根の掃除方法

水で洗う前に、玉ねぎの根に付いている汚れを指でこすって落としてから水で洗うと、根をキレイに残せるので、バラバラにならない玉ねぎステーキが作れます！

COLUMN 01

# 僕と料理
## ～YouTube配信への想い～

2020年に始まったYouTubeチャンネル「ばばっと！馬場ごはん」。このコラムでは、その配信への想いをお伝えします。

談笑しながらの、楽しい撮影♪

### 僕とYouTube動画配信

YouTube配信のレシピでは、簡単で家庭の献立のお役に立てることと、安く入手しやすい食材で作れる料理を心がけています。意外と余りがちな食材を活かせる料理だったり、もて余している調味料なんかの活用法であったり。みなさんのコメントを受けてお返事を書くつもりで、試行錯誤して新しいレシピを考えています。

### 視聴者のみなさんへ

動画では隠し味や調理のテクニックなど、ひと工夫のアイデアもたくさん紹介しています。それは、料理をおいしく食べてもらいたいのはもちろん、僕が料理をするなかで生まれる新しい発見を楽しんできたように、みなさんにも、「自分の料理」を見つける楽しさを体験してほしいって想いからでもあるんです。料理に正解はないので、動画やこの本を参考に「このアレンジは？」「この食材、調理器具では？」なんて、型にはめないでどんどん試して、みなさんが料理を楽しんでもらえるきっかけにもなれたなら、本当にうれしく思います。

猫の茶助（ちゃすけ）もときどき参加

正解は「青椒肉絲」。漢字は難しい……

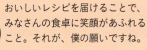

おいしいレシピを届けることで、みなさんの食卓に笑顔があふれること。それが、僕の願いですね。

PART 2

# 絶対失敗しない、定番うまいばばっとごはん

この章では、定番でありながら、
案外失敗しがちな料理を簡単においしくするレシピをご紹介。
馬場ちゃん流の失敗しないひと手間を紹介しながら、いつもの定番をアレンジ
したレシピたち。あっと驚く味の決め手も見つかるかもしれないですよ！

あの食材や調味料で
あの料理が簡単に！
"ばばっとごはん"を
「定番」に
加えませんか？

コンビニおにぎりで
チャーハンに!
海苔の風味が
グッとくる!

キムチと
豚肉のうまみが
しっかりおいしい!

PART:2 絶対失敗しない 定番うまいばばっとごはん

## 豚キムチ＆豚キムチチャーハン

＼隠し味のナンプラーでおいしさ倍増／

 主菜  飯  8+α min.  動画はこちら！

### 材料　2人前

**【豚キムチ】**
豚バラ肉（スライス）… 200g
キムチ … 150g
ナンプラー … 小さじ1
酒 … 小さじ1
ごま油 … 少々

〈お好みで〉
炒りごま … 少々

**【豚キムチチャーハン】**
豚キムチ … 適量
市販のおにぎり（手巻きタイプ）… 1個
※お好みの具材で◎
酒 … 小さじ1

〈お好みで〉
炒りごま … 適量

**ポイント**　ナンプラーとキムチは発酵食品同士なので、相性が良く深みが増します。

### 作り方

**【豚キムチ】**

1. フライパンに油を引かず、中火で豚肉を焼き目が付くまで炒めたら、キムチを入れてさっと炒める。
※キムチは発酵が進み酸味がより出ているものを使うとうまみが増すので、おすすめ。酸味が苦手な場合は、浅漬けのキムチでOK。

2. 1にナンプラー、酒を入れ、アルコールを飛ばす程度にサッと炒めたら火を止め、ごま油をかけ、お好みで炒りごまを散らす。

**【豚キムチチャーハン】**

1. 【豚キムチ】を用意し、フライパンにおにぎり（海苔は入れない）を入れ、酒をかけ、中火で1分ほど蒸し焼きにする。

2. フタをあけ、おにぎりをひっくり返してくずし、豚キムチを入れ、おにぎりのダマをほぐしながら炒め合わせる。

3. お好みで炒りごまを加え、おにぎりの海苔を揉んで、2に入れてサッと混ぜる。

ふわっふわ卵が口中でとろける！

\ 成功率99% 絶対に硬くならない /

# 豚肉のとろっとろニラ玉

主菜 / 12min.

### 材料　1〜2人前

豚バラ肉（スライス）… 80g
ニラ … ½束
しょうが（皮付き）… 10g
卵 … 2個
マヨネーズ … 大さじ1
サラダ油 … 大さじ1
A｜酒 … 小さじ1
　｜しょうゆ … 小さじ1
　｜オイスターソース … 小さじ1
　｜片栗粉 … 小さじ1
　｜水 … 50㎖

**ポイント**
マヨネーズのお酢と油の成分が卵をふわっふわにしてくれます。このマヨネーズを加えるひと手間だけで卵がふわっふわになるんですよ！

### 作り方

**1** ニラを3㎝幅ほどに切る。皮付きのしょうがを千切りにする。豚バラ肉をひと口大に切る。

**2** Aを混ぜ合わせておく。

**3** ボウルなどの器に卵を割り入れ、マヨネーズを入れて軽く混ぜ合わせる。フライパンを中火にかけ、油を引いてしっかりと熱してから卵液を入れ、全体を箸でぐるぐるとしながら軽く混ぜ、とろとろの状態になったらいったん器に移す。

**4** フライパンに1のしょうが、豚バラ肉を入れ、中火で炒める。ある程度豚肉に火が通ったら、2をまわし入れ、とろみが付くまで炒め、ニラを入れ、シャキシャキ感が残る程度にサッと炒める。
※2の合わせ調味料を入れるときは、入れる直前にも片栗粉の沈殿をかき混ぜてから入れる。
※途中で全体的に水分が足りていないと感じたら、水を追加して◎。

**5** 3を入れ、卵を温める程度に炒める。

絶対失敗しない・定番うまいばばっとごはん **PART：2**

### 材料 2人前

ゴーヤ … 1本
豆腐（木綿）… 1丁
豚バラ肉（焼肉用）… 200g
卵 … 2個
酒 … 大さじ2
塩 … 少々
こしょう … 少々
かつお節（小袋）… 2パック

〈お好みで〉
黒こしょう … 少々

**ポイント** 超簡単で、具材もゴロゴロ♪食べ応えがありますよ！かつお節はゴーヤの苦みをおさえる役割もあり、相性◎。

### 作り方

**1** ゴーヤを縦半分に切り、中の種とワタを取り出し、1〜1.5cmほどの厚みに切る。木綿豆腐を2cmほどの厚みに切る。
※ゴーヤの苦みが苦手な場合は、薄く切って水にさらすと苦みがやわらぐ。

**2** フライパンを中火にかけ豚肉の両面を焼きながら塩、こしょうを加え火が通ったらいったん取り出す。フライパンに豆腐を入れ、弱火で触らずにゆっくり焼く。
※ここで油を引かず豚肉から出た油で焼くのがポイント。

**3** 豆腐をヘラで軽く持ち上げ、底に焼き色が付いたら裏返し、もう一面にもしっかりと焼き色がつくまで焼く。
※豆腐は裏返すまで触らないようにすることで、くずれにくくなる。

**4** 3に塩、こしょうをふり、豚肉を戻してゴーヤを入れ、さらに塩、こしょうと酒を加えフライパンを振り混ぜ、卵を直接割り入れ、最後にも塩、こしょうで味をととのえ軽く炒める。
※複数回に分けて塩、こしょうを入れることで、味がしっかりとする。最後にふるこしょうをお好みで黒こしょうにしても◎。

**5** 器に盛り、かつお節を散らす。

＼くずれない&硬くならない♪／
# ゴーヤチャンプルー

主菜　18 min.　動画はこちら！

豚肉の脂のうまみとゴーヤの苦みでビールがすすむ！

\驚くほど柔らかい！目からウロコのワンパンレシピ/
# しっとり柔らか豚しゃぶ

しっとり柔らかくて箸がすすむ！

### 材料　1〜2人前

豚肉（しゃぶしゃぶ用）… 100g
※豚バラ肉（スライス）でも◎
レタス … 150g
片栗粉 … 小さじ1
水 … 500mℓ

【たれ】
しょうが（皮付き）… 10g
ポン酢 … 大さじ3
ごま油 … 小さじ½
炒りごま … 適量
一味唐辛子 … 適量

主菜　9 min.　動画はこちら！

### 作り方

1. フライパンに水と片栗粉を入れ、強火にかける。
   ※片栗粉が溶けるようにかき混ぜながらお湯を沸かす。

2. 沸騰したら弱火にして豚肉を入れて茹で、火が通ったら取り出し、水を切る。
   ※豚肉は冷水を使わず常温のまま粗熱をとるのがポイント。

3. レタスの芯を抜き、葉を手でちぎってから軽く水洗いしてしっかりと水を切る。

4. しょうがを皮付きのままみじん切りにして、たれの材料と混ぜ合わせる。

5. 器にレタスを敷き、豚肉を盛りつけ、**4**のたれをまわしかける。

### テクニック

**レタスの芯の抜き方**
芯の部分を上から強めにこぶしで叩くと芯が下に動くので、落とした芯を上に引っぱると、簡単に抜けます。

**レタスの水切り**
ポリ袋にキッチンペーパーと一緒にレタスを入れて振ると、水切り器がなくても簡単に水切りができます。

絶対失敗しない 定番うまいばばっとごはん　PART：2

ごはんがすすむ！

クセになる黒こしょうの

\硬くならない秘伝の作り方/
## 豚のしょうが焼き

動画はこちら！

主菜　15min.

### 材料　2人前

豚こま切れ肉 … 250g
玉ねぎ … ½個
しょうが（皮付き）… 10g
キャベツ … 適量
黒こしょう … 適量
A｜片栗粉 … 小さじ½
　｜めんつゆ（2倍濃縮）
　｜　… 大さじ1
　｜水 … 大さじ1

### 作り方

1. キャベツとしょうが⅔を千切りにする。玉ねぎを（繊維に対して垂直に）輪切りにする。残り⅓のしょうがはすりおろしにする。

2. 豚肉をまとめた状態で、2cm幅ほどの細切りにする。
※細切りにすることで柔らかくなる。

3. フライパンを中火にかけ、油を引かずに玉ねぎを炒め、焼き目が付いたら裏返し、ある程度火が通ったら豚肉としょうがの千切りを入れ、ほぐしながら炒める。
※豚肉がほぐれにくい場合は少量の水か酒を入れるとほぐれやすくなる。

4. 豚肉に火が通ったらAとしょうがすりおろしを合わせたものをまわし入れ、サッと炒め火を止めて黒こしょうをかける。器に千切りにしたキャベツを添え、豚のしょうが焼きを盛りつける。

テクニック

キャベツは芯を取ると成長が止まるので長持ちしやすいです！
玉ねぎは右の画像のように繊維に沿って切ると歯応えが残り、繊維を断ち切ると、柔らかく仕上がりますよ！

\ 世界一ずるい究極の手抜きレシピ /
# ズボラ餃子

副菜 | 15 min. | 動画はこちら！

### 材料　6個分

餃子の皮 … 6枚
豚こま切れ肉 … 70g
大葉 … 6枚
梅肉（チューブ）… 適量
柚子こしょう … 適量
ごま油 … 小さじ1
塩 … 少々
黒こしょう … 少々
熱湯 … 50ml

### 作り方

**1** 豚肉に塩、黒こしょうをふる。

**2** 餃子の皮の中央に梅肉を塗り、その上に大葉、豚肉の順でのせ、左右の皮の縁をたたむように中央で重ね合わせる。梅肉を柚子こしょうに変えたものも、同様の手順で作る。
※包むときに豚肉を一番上にのせると水分で皮がくっつきやすくなる。

**3** 皮のとじ口を下にし、重ならないようにしてフライパンに並べ、中火で焼き、パチパチ音がしてきたら熱湯を加え、フタをし、3分ほどしっかり蒸し焼きにする。
※餃子を蒸すときに水ではなく熱湯を使うことで、フライパンの温度の急落を避けることができる。

**4** フタをとって水分を飛ばし、焼き目を付ける。仕上げにごま油をまわしかけ、パリッと焼き上げる。

**ポイント** 餃子は、きちんと包まなくても、両側の皮を合わせてとじ口を下にして焼くだけで、中身がもれ出ないんですよ♪

ジューシーな肉汁と梅肉と柚子こしょうのハーモニーがたまらない！

意外な食材メンマで歯応えアップの本場の味！

PART : 2

\ 調味料たった2つ！絶対に失敗しない /
# チンジャオロース

### 材料 1〜2人前

牛こま切れ肉 … 120g
※ひき肉や豚肉に変えても◎
ピーマン … 4個
メンマ（味付き）… 100g
塩 … 少々
しょうゆ … 小さじ½

主菜　8min.

動画はこちら！

\ さらにメンマで簡単おつまみ！ /
**ささみメンマ** 1〜2人前

鶏ささみ肉2本、酒大さじ1を耐熱容器に入れ、ラップをして電子レンジ（500W）で2〜2分30秒ほど加熱し、ラップをしたまま余熱でさらに温め、粗熱が取れたら箸で身をほぐして、味付きメンマ40g、ピーマン1個（細切り）、塩昆布1つまみ、酢小さじ1を入れて混ぜ合わせれば、完成です♪

### 作り方

1. ピーマンを約1cm幅に切り、牛肉も約1cm幅の細切りにする。
2. メンマと牛肉を混ぜ合わせる。
3. フライパンで**2**を強火で炒め、塩を加え、肉に火が通ったら、ピーマンを入れて1分半〜2分ほど炒める。仕上げにしょうゆをまわしかける。
   ※肉に脂身が少ない場合は油を小さじ1ほど引いて炒める。

ほくほく ゴロゴロ
味がしみてて
じみ深い！

\フライパンでできちゃう♪　甘酒で簡単に味が決まる/
## 肉じゃが

 主菜　 15 min.　 動画はこちら！

**材料** 2人前

じゃがいも … 3個
にんじん … 1本
牛こま切れ肉 … 180g
しらたき … 1パック
しょう油 … 大さじ3
甘酒 … 100mℓ

〈しらたき用〉
砂糖 … 大さじ1

**作り方**

1. じゃがいも、にんじんの皮をむいてひと口大の乱切りにし、耐熱容器に入れラップをして電子レンジ（500W）で6分加熱する。
※じゃがいもは、芽をとる。ここで、じゃがいもとにんじんのサイズを揃えるのがポイント。

2. 器にしらたきと砂糖を入れて揉んで脱水させ、ザルに上げて水分を絞って抜く。キッチンバサミで十字にカットする。

3. フライパンに**2**を入れ中火で空炒りにし、水分が飛んで音が「シュー」から「ヒュー」に変化したら、牛肉を加えて炒め、肉に火が通ったら弱火にする。
※牛肉の脂身が少ない場合は、牛脂やサラダ油などを加えても◎。

4. **3**に**1**を加え、甘酒、しょうゆを入れて炒め、煮詰めていく。
※じゃがいもの煮え具合やしらたきの味をみて、できあがりを確認する。

**ポイント** 味付けに砂糖ではなく甘酒を使うことで、麹の甘みや深みによって、簡単に味が決まります。

絶対失敗しない 定番うまいばばっとごはん　PART：2

クセになる！
僕がよく行く焼き鳥店の味♪
ポリポリ食感が

\ 詰めないでのせるだけ♪ /
# ピー肉

つまみ　16 min.　動画はこちら！

### 材料　1～2人前

ピーマン … 4個
鶏ひき肉（もも）… 280g

【洋風ソース】
ケチャップ … 大さじ1
ウスターソース … 大さじ1/2
黒こしょう … 少々

【和風ソース】
めんつゆ（2倍濃縮）… 大さじ1
砂糖 … 2つまみ
一味唐辛子 … 適量

### 作り方

1. ピーマンはヘタを取って縦半分に切り、冷水に漬けて冷蔵庫で一晩置く。

2. 鶏ひき肉をひと口大ほどにし、フライパンに置いて強火で焼く。ジュージュー聞こえてきたら、フタをして中火で蒸し焼きにし、焼き目が付いたら裏返し、さらに蒸し焼きにしてから、半分を取り出す（焼き加減は8割の火入れ具合にし、3と5のソースをからめる工程で、鶏肉に完全に火を通す）。

※鶏ひき肉は最初に成型などせず、パックであれば、そのまま取り出してフライパンに置いて、フライパン上で成型してもOK。

【洋風ソース】

3. 2のフライパンに残っている鶏ひき肉に、ケチャップ、ウスターソースを加え、全体をからめて炒め黒こしょうをふる。

4. お皿にピーマンを置き、3の鶏ひき肉をのせる。

【和風ソース】

5. 別のフライパンを中火にかけ、2で取り出した鶏ひき肉にめんつゆ、砂糖を入れてからめ炒める。一味唐辛子を追加し、水分が飛んだらピーマンの上にのせる。

※よくソースをからませたい場合は、片栗粉を追加すると照り焼き感もUPする。

テクニック
ピーマンを冷水につけて冷蔵庫で一晩おくと、パリッパリになりますよ♪

ネバうま！やみつき！止まらない！

\ 納豆を加えたら一瞬で白米が消える /
## 肉みそ納豆

 副菜　 12min.　 動画はこちら！

### 材料　2～3人前

- 豚ひき肉 … 350g
- ひきわり納豆 … 1パック
- ニンニク … 10g
- しょうが … 10g
- 長ねぎ … 20cm
- 輪切り唐辛子 … 小さじ1
- 酒 … 大さじ1
- 合わせみそ … 大さじ1½
- しょうゆ … 小さじ½
- ごま油 … 適量

### 作り方

1. 皮をむいたしょうが、ニンニク、長ねぎをみじん切りにする。
※匂いの気になる方は、ニンニクなしでも◎。

2. フライパンにニンニク、しょうが、豚肉を入れ、木べらでひき肉を細かくつぶしながら中火でゆっくり炒める。

3. 輪切り唐辛子、合わせみそ、酒を加え混ぜ合わせて炒め、酒の水分がなくなるまで炒めたら、火を止め、長ねぎを入れて余熱で炒め、しょうゆ、ごま油を加え混ぜ合わせ、粗熱が取れたら納豆を入れ、さらに混ぜ合わせる。
※みそはどんなものでも◎。
※酒を使わない場合は、同量の水を加える。

**テクニック**

**しょうがとニンニクの皮のむき方**

しょうがの皮は包丁の背でむき、ニンニクの皮は、包丁でつぶしてからむくと簡単です！

絶対失敗しない 定番うまいばばっとごはん　PART：2

## 材料　1〜2人前

- 鶏むね肉 … 1枚
- 小麦粉 … 大さじ3
- 卵 … 1個
- 塩 … 少々
- 黒こしょう … 少々
- サラダ油 … 適量

【タルタルソース】
- たくあん … 30g
- ※ピクルス、ぬか漬け、柴漬けなどでも◎
- 卵 … 2個
- 小ねぎ … 2本
- マヨネーズ … 大さじ5
- 柚子こしょう … 小さじ1
- サラダ油 … 小さじ1

【甘酢ソース】
- みりん … 大さじ1
- 砂糖 … 大さじ½
- 酢 … 大さじ2
- しょうゆ … 大さじ2

〈お好みで〉
- ミニトマト … 適量
- レタス … 適量

## 作り方

1. タルタルソースを作る。フライパンに油を引き、中火にかける。卵2個を直接割り入れ、目玉焼きを作る。
   ※白身＆黄身をしっかりと焼き、ボウルに移す。

2. たくあんを5mmほどの角切りにし、小ねぎを小口切りにして1と合わせてボウルに移し、柚子こしょうを入れて目玉焼きをつぶしながら混ぜ合わせ、マヨネーズを入れて混ぜる。

3. 鶏肉を繊維に沿って半分に切り、さらに繊維を断ち切るようにひと口大に切る。塩、こしょうをふる。

4. ポリ袋に3を入れて小麦粉を加え、袋に空気を入れて振り混ぜる。

5. ボウルに卵を割り、白身を切るようにしっかりと混ぜ、溶き卵を作る。

6. 鶏肉の余分な粉を落とし、5の溶き卵につける。

7. 180℃の油で約3分ほど揚げる。
   ※揚げ油は肉が浸かるくらいの量で◎。
   ※余熱で火が通り、次の工程でも火を通すので、ここでの揚げ過ぎには注意する。

8. 甘酢ソースの材料をフライパンに入れて中火で軽く煮立たせたら揚げた鶏肉を入れ、軽くからめたら火を止める。

\ 硬くならない裏ワザ＆簡単タルタル！ /
# チキン南蛮

主菜　25min.　動画はこちら！

**ポイント**　好みで鶏肉の皮は取り除いても◎。

タルタルとふわふわチキンが絶妙でやばい！

## 白身魚のホイル蒸し

＼母ちゃん直伝　包んでフライパンで蒸すだけ！／

主菜　15min.　動画はこちら！

### 材料 2人前

- 白身魚 … 2切れ
- 玉ねぎ … 1/2個
- にんじん … 1/2本
- えのき … 100g
- レモン … 1/2個
- 塩 … 少々
- 黒こしょう … 少々

〈お好みで〉
- 小ねぎ … 適量

### 作り方

1. 白身魚に塩を振って10分ほど置き、余分な水分を出す。
　※白身魚はお好みのもので◎。

2. にんじんを千切りにする。玉ねぎは繊維を断ち切るように薄切りにする。えのきの石づきを落とし割いて、レモンは輪切りにする。

3. キッチンペーパーで1の白身魚の水分を拭き取る。

4. アルミホイルに玉ねぎ、にんじんを敷き、白身魚をのせたら塩、黒こしょうをふり、えのき、レモンをのせ、空気が入らないようにホイルを包み、しっかり閉じる。これを2つ作る。

5. フライパンに水（分量外）を入れ、4をのせ、フタをして強火で加熱し、水が沸騰したら中火で9分蒸し焼きにする。
　※途中で水を絶やさないように注意する。

6. 5のフライパンからホイル包みを取り出し、包みを開け、お好みで小口切りにした小ねぎを散らす。

**ポイント**　馬場家では「まとうだい」を使っていましたが、季節によって好きな白身魚をチョイスしてくださいね！

馬場家の懐かしの味　めし上がれ！

PART : 2　絶対失敗しない・定番うまいぱぱっとごはん

柔らかくてしっとりおだしの味がとってもおいしい！

\ 絶対に失敗しない初心者向け /
## だし巻き卵

副菜　10 min.　動画はこちら!

### 材料　1人前

- 卵 … 2個
- 水 … 50㎖
- 和風だしの素 … 2つまみ
- 塩 … 1つまみ
- 片栗粉 … 2つまみ
- サラダ油 … 大さじ1

〈お好みで〉
- 大根おろし … 適量
- 大葉 … 適量
- しょうゆ … 適量

### 作り方

**1** ボウルに卵を割り入れ、水、和風だし、塩、片栗粉を入れて混ぜ合わせ、卵の白身を切るように溶く。
※和風だしの素を昆布だしやかつおだし、鶏ガラスープの素に変えても◎。
※甘い味が好きな場合は、砂糖、みりん、蜂蜜などを入れても◎。

**2** 卵焼き用フライパンに油を入れ、中弱火にし、全体に油がなじむまで温める。

**3** 2のフライパンにしっかりと混ぜた卵液の3分の1ほどを入れ、フライパン全体に広げたら中弱火で気泡をつぶしながら半熟になるまで焼き、フライパンを火から離して卵を巻いていく。巻いたらフライパンの奥側に移動させ、さらに2回目の卵液を入れ、1回目の卵焼きの底面を少し浮かせて卵液を流して接着させ、さらに巻いていく。この繰り返しを3〜4回ほど行い、最後に軽く上から押さえて形を整える。お好みで焼き色を付けたい場合は中弱火で。
※途中で火を付けたり消したりしながら、ゆっくり巻いていくと失敗しにくい。

**ポイント** 卵を巻くとき、フライパンを火から離すか火を止めて、両手で菜箸を1本ずつ持って巻くと、ラクちんです！

やさしいとろみでするっとおいしい！

\片栗粉いらずでとろみがつく/
# 失敗しない麻婆豆腐

主菜 / 13 min. / 動画はこちら！

## 材料　1〜2人前

- 厚揚げ豆腐 … 1丁（300g）
- 豚ひき肉 … 150g
- ニラ … ½束
- ニンニク … 5g
- しょうが（皮付き） … 5g
- なめこ … 100g
- サラダ油 … 大さじ1
- 赤みそ … 小さじ1½
- 豆板醤 … 小さじ1
- 酒 … 小さじ2
- 鶏ガラスープの素 … 小さじ1〜2
- 水 … 150ml

〈お好みで〉
- 花椒 … 適量

## 作り方

1. ニラを5〜10mm幅ほどの小口切りにし、厚揚げ豆腐を麻婆豆腐サイズ（お好みの大きさ）にカットする。ニンニク・しょうがをすりおろす。なめこを流水で軽く洗う。
　※豆腐を厚揚げにすることで、くずれにくくなる。厚揚げの油が気になる場合は熱湯で油抜きする。

2. フライパンにニンニク、しょうが、油、豆板醤、赤みそを入れてから中火にかけ、豆板醤と赤みそを溶きながら炒め、さらに豚肉を加えて肉に火が通ったら、厚揚げ豆腐、なめこを入れ、酒、鶏ガラスープの素、水を加え、くつくつと煮詰める。
　※赤みそは煮たほうがおいしくなるので最初から入れる。合わせみそを使う場合は後から加えてもOK。
　※なめこが片栗粉のとろみの代用＆うまみUPになり、片栗粉を使用するよりも失敗しにくい。

3. なめこに火が通り、とろみがついたら火を止める。最後にニラを加えて余熱で火を通し、お好みで花椒をかける。

**ポイント**

### おすすめ調味料「花椒（ホアジャオ）」

僕は花椒（ホアジャオ）という中国のスパイスが大好きで、ヒハツモドキという沖縄の島こしょうをブレンドしたものを愛用しています。

## PART: 2 絶対失敗しない・定番うまいばばっとごはん

### 材料 1人前

- 鶏もも肉 … 150g
- 玉ねぎ … ½個
- 小ねぎ … ½本
- ごはん … 200g
- 塩 … 少々
- 炒りごま … 少々
- 片栗粉 … 2つまみ
- ごま油 … 小さじ1

**A**
- ニンニク（すりおろし） … 10g
  ※チューブでもOK
- しょうゆ … 小さじ1
- 酢 … 小さじ2
- 酒 … 小さじ1
- 水 … 小さじ4

### 作り方

1. 玉ねぎを半分に切り、1cm幅の輪切りにする。鶏肉はひと口大にカットする。
2. **A**の材料を混ぜ合わせる。
3. フライパンに鶏肉の皮目を下にして置き、玉ねぎを加え、塩をふり、最初は強火で炒め、フライパンが温まったら中火にして、さらに焼く。
   ※香ばしさを出すために、鶏肉と玉ねぎに焼き目（少し焦げた感じが出るほどに）を付けると◎。
4. **2**に片栗粉を2つまみ入れてよく混ぜ、**3**に入れて軽くからめたら火を止め、ごま油をまわしかける。
5. 温かいごはんを器に盛り**4**をかけ、小口切りにした小ねぎ、炒りごまを散らす。

**ポイント** 焼き始める前に合わせ調味料を作っておくと、途中であわてる心配がなくなりおすすめです♪

\食べた翌日も食べたくなる/
# 鶏丼

飯 / 12 min. / 動画はこちら!

香ばしくてガツンとうまい!

具だくさんのやさしい味わいがじんわりしみる

＼今までは何だった？と思うほど 簡単＆コクうま／
# 馬場家秘伝の豚汁

動画はこちら！

### 材料 2〜3人前

- 豚こま切れ肉 … 200g
- 里芋 … 5個
- 大根 … 10cm
- にんじん … 1/3本
- こんにゃく … 120g
- ごぼう … 1/2本
- 長ねぎ … 1/3本
- 甘酒 … 125ml
- 和風だしの素 … 2g
- 合わせみそ … 大さじ3
- ごま油 … 大さじ1
- 水 … 700ml

〈お好みで〉
- 長ねぎ … 適量

### 作り方

**1** 里芋を皮付きのまま電子レンジ（500W）で3分ほど加熱する。にんじん・大根をいちょう切りにする。こんにゃくは手でひと口大程度にちぎる（スプーンを使っても◎）。
※にんじん、大根を大きめにしたい場合は、里芋と同様に電子レンジで加熱すると◎。

**2** 長ねぎをみじん切り（もしくは輪切り）にし、容器に入れ、合わせみそと混ぜ合わせておく。ごぼうを斜めに薄切りにする。
※変色しやすいのでごぼうは最後にカットする。

**3** 鍋にごま油を入れ、大根、にんじん、ごぼうを強火で炒め、野菜に軽く火が通ったら豚肉を加え、さらに炒める。肉に火が通ったら水を加え、こんにゃく・和風だしの素を加える。
※煮る前に具材を炒めることで、深みが増して味が良くなる。

**4** 里芋の皮をむき、鍋に加える。甘酒を加え、一煮立ちしたら**2**のねぎみそを溶かす。器に盛り、お好みで小口切りにしたねぎを散らす。

**ポイント** みそを長ねぎと混ぜ合わせておくことで、溶いたときにダマにならないんですよ！

PART : 2 絶対失敗しない 定番うまいばばっとごはん

しみしみなすが
じんわり
おいしい！

\ 焼いてつけるだけ /
# 揚げない なすの揚げ浸し

副菜 ／ 15 min. ／ 動画はこちら！

## 材料 1〜2人前

なす … 350g
長芋 … 30g
めんつゆ（2倍濃縮）… 120mℓ
氷 … 90g
酢 … 小さじ1
一味唐辛子 … 少々
サラダ油
　… 小さじ1〜大さじ1/2

〈お好みで〉
ごま油 … 小さじ1
糸唐辛子 … 適量
大葉 … 適量
炒りごま … 適量

## 作り方

1. なすを乱切りにする。

2. 耐熱ボウルになすとサラダ油を入れ、まんべんなく絡ませる。ふんわりラップをして電子レンジ（500W）で5〜7分加熱する。

3. 別のボウルにめんつゆを入れ、酢、氷を入れる。長芋を洗って皮をむいてすりおろし、ボウルに加えてよく混ぜ合わせる。

4. フライパンに**2**を入れ、強火で焼き目が付くまで炒める。焼き目が付いたらなすを**3**に入れて混ぜ合わせ、一味唐辛子、お好みでごま油を加え混ぜる。

5. 器に盛り付け、お好みで大葉の千切りと炒りごま、糸唐辛子を散らす。

### アレンジ なすの揚げ浸しうどん

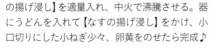

冷凍うどん1玉を電子レンジで解凍する。フライパンに【なすの揚げ浸し】を適量入れ、中火で沸騰させる。器にうどんを入れて【なすの揚げ浸し】をかけ、小口切りにした小ねぎ少々、卵黄をのせたら完成♪

まるで生麺のようにもっちもち最高のナポリタン♪

## ひと手間でもちもちの食感に
# 濃厚ケチャップのもちもちパスタ

**ポイント** この乾麺を水に浸けておく方法は、災害のときなどにも少ないお湯と短時間で茹でることができるので、ぜひ覚えておいてください。

### 材料 1.5〜2人前

- パスタ（1.6mm以上）… 200g
- 水 … 適量（麺がしっかり浸かるほどの量）
- 玉ねぎ … ¼個
- ピーマン … 1個
- ソーセージ … 4本
- ケチャップ … 大さじ6
- サラダ油 … 大さじ1
- しょうゆ … 小さじ½
- 牛乳 … 大さじ2
- ※生クリームでもOK
- 粉チーズ … 適量
- 塩 … 少々
- こしょう … 少々
- 黒こしょう … 少々

（パスタを茹でる用）
- 水 … 適量
- 塩 … 少々

### 作り方

1. 保存袋に乾麺のパスタ、水を入れ、冷蔵庫で1時間〜一晩ほど浸けておく。
   ※乾麺のパスタを浸けておくことで、生麺のようにもちもちになる。

2. 玉ねぎを薄いスライス状に、ピーマンも縦に5mm幅ほどの細切りにする。ソーセージは半分に切り、斜めに飾り包丁を入れる。パスタを茹でる用のお湯をフライパンに入れ、沸かす。

3. 2とは別のフライパンを中火にかけ、ソーセージを炒めて焼き目を付け、玉ねぎを炒め、火が通ったら具材を取り出す。

4. 3の具材を移した空のフライパンにケチャップを入れ、軽く混ぜて酸味を飛ばし、弱火にして油、しょうゆを入れて1分ほど加熱する。

5. 2で用意した沸騰したお湯に塩と1の麺を入れ、1分ほど茹でる。茹でた麺を取り出して4の煮詰めたケチャップソースのフライパンに直接入れ、麺とソースをからめて炒める。
   ※途中でパスタの茹で汁も少量ずつ加える（一般的なナポリタンの汁気になる程度が目安）。

6. 牛乳と3で取り出した具材、ピーマンを入れ、さらに炒め、塩、こしょうで味をととのえる。

7. 器に盛り、仕上げに粉チーズ、黒こしょうをかける。

動画はこちら！
麺 / 15 min.

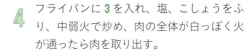

絶対失敗しない・定番うまいばばっとごはん　PART：2

### 材料　1人前

- ごはん … 200g
- 卵 … 1個
- 豚バラ肉 … 50g
- 長ねぎ（白い部分）… 10cm
- 塩 … 少々
- 黒こしょう … 少々
- しょうゆ … 小さじ1
- サラダ油 … 大さじ3

### 作り方

1. 長ねぎをみじん切りにする。
2. フライパンの手前側に長ねぎを入れ、フライパンを斜め（手前側を下）にして油を入れ、強火で炒める。全体的にシュワシュワしだしたら弱火にし、5分ほどねぎがきつね色になるまで加熱し、油を含めた全部を耐熱容器に入れる。
※フライパンの柄に火が当たらないように注意する。
3. 豚肉を1cm幅ほどに切る。
※豚バラ肉は鶏肉やひき肉など、お好みの肉に代えても◎。
4. フライパンに3を入れ、塩、こしょうをふり、中弱火で炒め、肉の全体が白っぽく火が通ったら肉を取り出す。
5. 4の肉を取り出したフライパンを中弱火にかけ、卵を直接割り入れる。焦がしねぎ油を卵の白身のふちに少量まわしかけ、香ばしく焼く。白身が固まったら卵の上にごはんをのせ、卵を木ベラでつぶしながら、炒め混ぜる。塩、こしょうで味をつけ、パラパラになってきたら肉を戻し、さらに炒める。
※中弱火でゆっくり炒めるとパラパラになる。
6. しょうゆを鍋肌から加え、サッと炒めたら火を止め、ねぎと焦がしねぎ油を散らし、余熱で炒める。
7. 茶碗に盛り、平皿に返して盛る。
※お好みで紅しょうがを添えても◎。

**ポイント**　焦がしねぎ油は2週間ほど冷蔵保存できます。油の中にねぎが浸かっている状態でないと酸化してしまうので、注意してくださいね♪

\ ゆっくり炒めるだけ　焦がしねぎ油香る！／
# パラパラチャーハン

飯　12 min.　動画はこちら！

香ばしいねぎの香りがたまらない！

COLUMN 02

# 僕と野菜
## ～生産者さんへの想い～

YouTube「ばばっと！馬場ごはん」で馬場ちゃんがよく語られている、生産者さんや野菜への感謝。ここではその想いを語ります。

畑で採った野菜と2ショット

## 生産者の方たちへの想い

僕はよく農場で料理をしていますが、食材を届けてくださっている、生産者の方々の想いを少しでもみなさんへ伝えられたらと思っています。野菜を作るのって本当に大変なんです。だから僕のモットーは「おいしく、ムダなく、簡単に」で、おいしく食べるのはもちろん、余らせないことが肝心だと考えています。「おいしくムダなく食べて生産者さんの気持ちをいただく」ことを大切にしています。

### 僕の好きな野菜たちを、紹介！

**しょうが**

僕の大好きなしょうが。皮付きの調理をよく紹介していますよね。栄養価がアップするし味のアクセントにも◎。

**ニラ**

ニラの風味が好きで、火はさっと通すくらいが好きです。存在感が頼もしいですし、主役も張れる子です。

**玉ねぎ**

万能野菜。炒めても、スープにしてもおいしいですし、いつも頼りになる子ですね。

**もやし**

シャキシャキした食感がいいですし、かさ増しにもおすすめ。いつも安くて、生産者さんに本当に感謝です。

**白菜**

白菜は、煮ても、焼いても本当においしい。調理法によって意外といろんな食感を楽しめるんですよ。

野菜の皮には風味や栄養があるので、皮ごと食べられるものはむかないのがおすすめです。暑い日や寒い日も生産者のみなさんの毎日の努力があって、僕たちはいろんな食材を手にしていますよね。そのおかげで多くの野菜が通年手に入りやすくなりました。本当に、感謝ばかりです。

# PART 3
## コスパ良し！
# 食材少しでもうまい
# ばばっとごはん

この章では、少しの食材で"ばばっと"作れちゃう、
簡単でおいしいレシピを紹介します。コスパもいいですし、
いつもある食材でも「こんな方法があったんだ！」と、
楽しみながら料理してもらえるラインナップです。

食材が少なくても
ひと工夫加えるだけで
うーんと、料理の幅が
広がるよ

鶏肉はしっとり ニラはガツン！ 常備菜にも◎

\ 悪魔的にうまい 一生を共にすることになる /
## 悪魔のささみ漬け

 副菜　 7min.　動画はこちら！

### 材料　1人前

- 鶏肉（ささみ）… 3本
- ニラ … 3本
- 酒 … 小さじ1
- 水 … 適量
- めんつゆ（2倍濃縮）… 大さじ3
- わさび（チューブ）… 4〜5cm
- 炒りごま … 適量

### 作り方

1. 鶏肉の筋を取り除き、耐熱容器に重ならないように入れ、全体が浸かる量の水を入れて酒をふる。ふんわりラップをして電子レンジ（600W）で2分半〜3分加熱する。
※筋が気にならない人は残してもOK。

2. ニラはできるだけ細かい小口切りにする。耐熱容器から鶏肉を取り出してひと口大に切る（鶏の茹で汁は捨てる）。空になった容器にニラ、めんつゆ、わさびを入れ混ぜ合わせる。鶏肉を加えてからめ、炒りごまをふる。
※鶏肉の茹で汁は捨てずにスープの材料として使っても◎。
※辛みが苦手な人はわさびを少なめに。

**テクニック　鶏ささみ肉の筋の取り方**

鶏ささみ肉の筋を取るときは、鶏ささみの筋に切り込みを入れ、包丁の背を使って筋を押さえてはがすと◎。

# バッファローチキン

\ フライパン1つで！／

### 材料　1〜2人前

鶏肉（手羽中）… 300g
ニンニク … ½かけ
※チューブでも◎
バター … 10g
サラダ油 … 大さじ1
塩 … 少々

**A**
砂糖 … 小さじ½
ケチャップ … 大さじ½〜1
一味唐辛子 … 適量
酢 … 小さじ2

### 作り方

1. 鶏肉に塩を軽くふる。
2. 冷たいフライパンに鶏肉を皮目が下になるように並べ、油をまわしかけ、中火でフタをして4分蒸し焼きにする。
3. ニンニクをすりおろし、Aの材料と混ぜ合わせる。
4. フタをあけ、鶏肉を裏返し、キッチンペーパーで余分な油を吸い取る。
5. 4にバターを加え、肉にからめる。3を加え、ほぼ水分がなくなるまで炒める。

**アレンジ**　鶏の手羽中は、鶏もも肉や豚こま切れ肉に代えても◎！

甘酸っぱくてスパイシーな特製ソースがクセになる！

\ 漬け時間ゼロで味しみしみ＆カリカリ /
# 無限手羽

動画はこちら！

## 材料 2人前

鶏肉（手羽中）… 8本
ニンニク（チューブ）… 5cm
※しょうがでもOK
しょうゆ … 大さじ1
片栗粉 … 大さじ1½
サラダ油 … 適量

〈お好みで〉
くし切りレモン
　… 適量
パセリ … 適量

**ポイント**　鶏肉は、何度か引き上げて空気に触れさせながら揚げて、さらに揚げたあとにも網付きのバットにのせるとカリッと揚がりやすいです！

## 作り方

1. 鶏肉の肉面（皮の反対側）にフォークで穴をあける。
※穴をあけることで、下味がよくなじむようになる。

2. ポリ袋に鶏肉、ニンニク、しょうゆを入れてよく揉む。片栗粉を加え、袋に空気を入れて口をねじり、袋を振って鶏肉全体に片栗粉をまぶす。

3. **2**を160℃の油で表面がきつね色になるまで揚げる。
※油の量は、鶏肉がちょうど浸かるくらいが適量。

4. 揚げた鶏肉を網付きのバットにのせ、余熱で中心まで火を通す。お好みでレモン、パセリを添える。

外はカリカリ 噛めばジュワッ 肉汁があふれる

焼いて凝縮されたうまみがたまらない！

## 枝豆ぺぺ

\ 指まで舐めちゃう超簡単！無限レシピ /

つまみ　10 min.　動画はこちら！

### 材料　1〜2人前

- 枝豆 … 300g
- 塩 … 大さじ1
- バター … 10g
- ニンニク（チューブ）… 1cm
- 水 … 大さじ3
- しょうゆ … 小さじ1
- ごま油 … 小さじ½
- 黒こしょう … 適量（お好みでたっぷりと）
- 酒 … 大さじ3
- ※水で代用しても◎

### 作り方

1. ボウルに枝豆を入れ、水で洗う。水を切り塩を加えて揉み込み、枝豆のサヤの両端を切る。
2. フライパンに枝豆をなるべく重ならないように広げ、強火で加熱し、水を加えてフライパンにフタをし、2〜3分蒸し焼きにする。
3. フタをあけ、フライパンをゆすって水分を飛ばす。水分が飛んだら中火にする。
4. 3にバター、ニンニク、酒、しょうゆ、ごま油を入れて軽く炒めたら、火を止め、黒こしょうをかける。

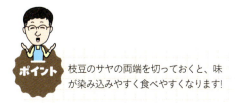

**ポイント**　枝豆のサヤの両端を切っておくと、味が染み込みやすく食べやすくなります！

# 鶏もやし

\レンチンするだけの夏の爆速節約レシピ/

副菜　10+α min.　動画はこちら！

## 材料 2人前

**【基本の材料】**
もやし … 2袋（400g）
鶏ひき肉 … 150g

**【和風だれ】**
ポン酢 … 大さじ1
ラー油 … 適量
炒りごま … 適量

**【洋風だれ】**
顆粒コンソメ … 小さじ1/2
酢 … 小さじ1
黒こしょう … 小さじ1/3
オリーブオイル
　… 小さじ1と1/2

**【中華風だれ】**
鶏ガラスープの素
　… 小さじ1/2
ニンニク（チューブ）
　… 1cm
酢 … 小さじ1
一味唐辛子 … 適量
ごま油 … 適量

## 作り方

**【基本の調理】**

1. もやしを洗う。

2. 耐熱ボウルにもやしと鶏肉を入れて肉をほぐし、ラップをかけて電子レンジ（600W）で3〜5分加熱する。

3. 2を取り出し、もやしと鶏肉を混ぜ、再度電子レンジ（600W）で2分加熱する。

4. やけどに注意しながら、ボウル内の水を切る。

**【和風だれ】**

1. 【基本の調理】の1/3量を器に盛る。

2. ポン酢、ラー油、炒りごまをかける。

**【洋風だれ】**

1. 【基本の調理】の1/3量を器に盛る。

2. 顆粒コンソメ、酢、黒こしょう、オリーブオイルをかける。
　※酢をバルサミコ酢など家庭にあるものに代えても◎

**【中華風だれ】**

1. 【基本の調理】の1/3量を器に盛る。

2. 鶏ガラスープの素、ニンニク、酢、一味唐辛子、ごま油をかける。

**ポイント**　このレシピでは調味料を後から入れることで、加熱されすぎず、風味が残りやすくなります。冷めてもおいしいです。ヘルシーなのでダイエット中の方や、お弁当にもおすすめです！

焼いたパンと
とろ～りチーズが
たまらない！

\ 行列ができる韓国屋台の /
# ワンパントースト

動画はこちら！

### 材料　1人前

食パン（5枚切り）… 1枚
卵 … 2個
スライスチーズ（溶けるタイプ）… 1枚
塩 … 少々
黒こしょう … 少々
バター … 10g

### 作り方

1. ボウルに卵を割り入れ、塩を加えて混ぜる。パン、チーズをそれぞれ半分に切る。

2. フライパンを中火で熱し、バターを入れ全体になじませる。パンを入れて両面に焼き目を付ける。卵液をフライパン全体に流し入れて丸く広げ、パンの下にも持ち上げて行き届かせる。食パンの上にチーズをのせる。

3. 卵がある程度固まったら、パンからはみ出ている卵をカットして、パンの上にのせてあふれないように整えて黒こしょうをふり、チーズが真ん中にくるようにパンを重ね合わせる。

**ポイント**　韓国で人気の屋台グルメを僕流にアレンジしてみました。お弁当としてなど、すぐに食べないときは、卵にしっかり火を通してくださいね！

コスパ良し！食材少しでもうまいばばっとごはん　PART：3

\ バカうまワンパンレシピ /
# 豚えのきのバタポン焼き

## 材料　1人前

- 豚こま切れ肉 … 100g
- えのき … 100g
- ポン酢 … 大さじ2
- 水 … 大さじ1
- バター … 10g
- 小ねぎ … 1本
- 黒こしょう … 少々

〈お好みで〉
- バター（盛り付け用）… 10g

## 作り方

1. えのきの石づき（茶色の部分）を切り落とし、4〜5cmの長さに切って手でほぐす。
※根元のほうは、直径1cmほどにほぐすと食感が残って◎。

2. フライパンにえのきを広げ、強火で炒める。水分がなくなってきたら中火にしてえのきに焼き色が付くまで炒め、豚肉を加え、肉に9割程度火が通るまで中火で炒める。
※濃い味にしたいときは、お好みでニンニクを入れても◎。

3. 水で薄めたポン酢を 2 に加え、フライパンの底をこそげ取るようにして混ぜる。バターを加えてしっかりとからませ黒こしょうを加え、小口切りにした小ねぎをのせる。器に盛ったらお好みでバターをのせる。

**ポイント**　きのこ料理は、最初に素焼きすると、風味が良くなりますよ！

ザクザクえのきとポン酢の酸味で箸がすすむ！

砂肝の食感が
コリコリ好きには
たまらない！

## 一度食べたら抜け出せない
# 悪魔の砂肝

つまみ

15 min.

動画はこちら！

### 材料 2人前

砂肝 … 6個
ニンニク … 1かけ
小ねぎ … 1本
鷹の爪 … 1本
ハーブソルト … 小さじ½
オリーブオイル … 100㎖

### 作り方

**1** ニンニクをつぶして皮をむき、みじん切りにする。

**2** 砂肝を中央部分から2つに切り分け、切り込みを深めに入れる。

**3** スキレットまたは小さめのフライパンにニンニクと砂肝を入れ、オリーブオイルと種を除いた鷹の爪を加え、強火で加熱し、オイルがふつふつし始めたら、弱火で加熱する。
※お好みでアンチョビペーストや塩辛などを入れても◎。

**4** 砂肝にある程度火が通ったら、さらに弱火にしてハーブソルトを加え砂肝がキュッと引き締まって火が完全に通るまで、しっかりと火を通し、小口に切った小ねぎを散らす。
※ハーブソルトの代わりに普通の塩にしても◎。

**ポイント** 銀皮(ぎんぴ)とは？

銀皮とは、砂肝の表面にある白い部分。この銀皮を取り除かず、切り込み(飾り包丁)を入れることで、食感を残しつつ、味も染み込みやすくなります。

食べ応えのある厚揚げと香ばしい香りが沼るおいしさ!

## ＼おいしすぎて沼っちゃう!／
# 厚揚げペペロンチーノ

動画はこちら！

### 材料 2人前

厚揚げ豆腐 … 1丁
小ねぎ … 5本
ニンニク … 1かけ
輪切り唐辛子 … 小さじ1
アンチョビペースト … 小さじ1
オリーブオイル … 大さじ1½
塩 … 少々

### 作り方

1. 小ねぎを小口切りにする。ニンニクはつぶして皮をむき、みじん切りにする。厚揚げ豆腐をひと口大に切る。

2. スキレットにニンニク、アンチョビペースト、オリーブオイルを入れ、弱火にかけ、ニンニクに色が付き始めたら、厚揚げ豆腐を入れ、表面に火を通していく。
※スキレットの代わりにフライパンを使用してもOK。

3. 輪切り唐辛子を入れ、お好みで塩を追加し、小ねぎを散らして完成。
※辛いものが苦手な場合は、唐辛子を抜いても◎。
※ねぎが苦手な場合はしょうが、大葉、バジルなどに代えても◎。

**ポイント** 厚揚げ豆腐は油が少なくても味が染みやすく、油を吸い込みすぎないので、重たくなりすぎず、おすすめですよ！

結ぶことで生まれた食感と焼いた香ばしさでちくわが別物に!

\正直、エビよりうまいかも?/
# ちくチリ

副菜　15min.　動画はこちら!

### 材料　1〜2人前

ちくわ…4本
片栗粉…小さじ2
サラダ油…大さじ1/2

【スイートチリソース】
A
- 酢…大さじ1
- 水…大さじ1
- 砂糖…2つまみ
- ニンニク（チューブ）…1〜2cm
- 塩…少々
- 輪切り唐辛子…適量

〈お好みで〉
レタス…適量

### 作り方

1. ちくわを縦に4〜8等分に切り、ちくわを結ぶ。
2. Aを混ぜ合わせ、スイートチリソースを作る。
3. フライパンにちくわを入れ、片栗粉を全体にまぶす。サラダ油を加え、ちくわに焼き目が付くまで、中火で加熱する。
   ※お好みでピーマンや玉ねぎを入れても◎。
4. 2のスイートチリソースを加え、ちくわにツヤが出てきたら火を止める。
5. 器に盛り付け、お好みでレタスを添える。
   ※ケチャップやマヨネーズを加えると、よりエビチリのような味わいに。

ポイント

### ちくわを結ぶ効果

ちくわを結んで焼くひと手間で、見た目も食感もグンと良くなります。結ぶときに焼き目を表面にするとさらに見た目も良くなり、結ぶときはねじらないようにすると結びやすいですよ！　結びにくいときは、ちくわを1/8にカットしたり細くすると◎。

PART : 3 コスパ良い！食材少しでもうまいばばっとごはん

焼き目を付けた香ばしさが◎！

\ 一瞬で消えちゃうおつまみ♪ /
# ちくわチーズベーコン

動画はこちら！

 つまみ  12 min.

### 材料 1〜2人前

ちくわ…4本
プロセスチーズ
　…4個（ベビーチーズサイズ）
ベーコン…8枚（ハーフカットサイズ）

### 作り方

1. ちくわを横半分に、プロセスチーズを縦半分に切る。
2. ちくわの穴の中にチーズを詰め、ベーコンを巻いて爪楊枝で止める。
   ※お好みでわさびやからし、サラミ、明太子などを詰めるなど、アレンジしても◎。
3. フライパンに油を引かず2を置き、ベーコンに焼き目が付くまで中火で加熱する。

 ポイント
刺した爪楊枝は焼く前にはみ出た部分を切っておくと焼き目を付けやすくなって◎。食べるときは危険なので必ず取ってくださいね。

# 濃厚えのきチーズ焼き

\おかず・おつまみ・おやつ…なんでもござれ/

副菜 / 10min.

動画はこちら！

## 材料 1〜2人前

- えのき … 50g
- 長芋 … 100g
- チーズ（溶けるタイプ）… 50g
- 鶏ガラスープの素 … 小さじ1
- 塩 … 少々
- サラダ油 … 小さじ1

## 作り方

1. 長芋をコンロの火でサッとあぶってひげ根を焼き切り、洗って皮ごとすりおろす。えのきを1〜1.5cmの長さに切る。
   ※ひげ根を焼くときは、トングなどを使用し、やけどに注意する。

2. ボウルにえのきを入れ、鶏ガラスープの素を加え混ぜ、長芋のすりおろしを入れて混ぜ合わせる。塩とチーズを加え、さらに混ぜ合わせる。
   ※長芋の水分が多い場合は、長芋の量を減らし、チーズを増やすと◎。

3. フライパンに油を引いて中火で加熱し、生地を小さめに丸く広げ置き、両面にしっかりと焼き目が付くまで焼き上げる。
   ※厚みを薄くして、生地をフライ返しで押さえながら焼くと均一に火が通りやすい。
   ※そのまま食べてもよいが、つけだれはしょうゆやポン酢、大根おろし、サルサソース＋タバスコなど、お好みで。

### ポイント 長芋の鮮度の見分け方

断面が変色していないもので、太くてまっすぐ育っているものは◎。古くなった長芋は、加熱して食べるのがおすすめです。

ふわふわシャキシャキ！チーズが伸びて間違いない！

しょうゆと海苔の香りがマッチして◎

## まるでホタテ
## エリンギの磯辺焼き風

### 材料 2人前

- エリンギ … 2本
- 海苔 … 適量
- チーズ（溶けるタイプ）… 少々
- オリーブオイル … 適量
- 塩 … 少々
- 黒こしょう … 少々
- 水 … 適量
- しょうゆ … 少々

### 作り方

1. エリンギを厚さ2cmの輪切りにする。さいの目状の切り目をエリンギの両面に入れる。
2. フライパンを中弱火で加熱する。オリーブオイルを引き、エリンギを入れ塩を加えて、エリンギの両面に軽く焼き目が付くまで焼いたら水を加え、フタをして水分が飛ぶまで蒸し焼きにする。
3. 2にチーズを入れて溶かし、エリンギにからめたらしょうゆを加え、さらにからめる。火を止めて黒こしょうをふり、海苔にのせて巻く。

**ポイント** エリンギは、さいの目状に切り目を入れると、味が染み込みやすくなります♪

\ 大根のうまみと
ステーキときんぴら
2つの食感が
楽しめる！ /

味しみしみ㊙時短レシピ！
# 大根ステーキ

副菜 ・ 19 min. ・ 動画はこちら！

## 材料 2人前

大根 … ½本
バター … 20g
小ねぎ … 3本
黒こしょう … 少々
ごま油 … 少々

〈お好みで〉
炒りごま … 適量

【たれ】
砂糖 … 小さじ1
めんつゆ（2倍濃縮）
　… 大さじ1〜2
水 … 大さじ1
ニンニク（チューブ）
　… 5cm

## 作り方

1. 大根を1.5cm幅の輪切りにして皮をむき、皮は捨てずにとっておく。大根の両面に深さ5mmほどの切り目をさいの目に入れ、軽く水で濡らして耐熱容器に入れ、ふんわりラップをして電子レンジ（600W）で3分加熱する。

2. 大根の皮を5cm幅に切り、縦に細く切る。

3. 砂糖、めんつゆ、水、ニンニクを混ぜ合わせ、たれを作る。

4. フライパンに1の大根を汁ごと入れ、たれを加えて火にかけ、2の大根の皮を加え、水分が飛ぶまで炒める。

5. バターを加えて大根に焼き目を付けたら大根ステーキのみを取り出し、器に盛る。黒こしょうをふり、小ねぎをのせる。

6. 5のフライパンにごま油を足し大根の皮を軽く炒め、お好みで炒りごまを加え、大根ステーキに添える。

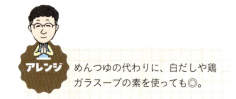

アレンジ　めんつゆの代わりに、白だしや鶏ガラスープの素を使っても◎。

\ 一度食べたら、もう箸が止まらない /
# アボカド漬け

副菜 / 10 min. / 動画はこちら！

### 材料　1人前

- アボカド … 大1個
  ※普通サイズの場合は1½個
- しょうが（皮付き）… 10g
- 焼肉のたれ … 大さじ1
- 酢 … 小さじ½
- ごま油 … 適量

### 作り方

1. アボカドを縦半分に切って種を取ったら4等分に切って皮をむき、さらにお好みの大きさに切り分ける。
   ※包丁の刃元（手元側）の先端を、種に軽く勢いをつけ刺して、軽くねじると種を取りやすい。
2. しょうがをよく洗い、皮のまますりおろす。
3. ボウルなどの器にアボカドと2のしょうがを汁ごと入れ、焼肉のたれ、酢、ごま油を加えてよく混ぜる。
   ※お好みで一味唐辛子を入れても◎。
   ※冷やして食べるとなお◎。

### アレンジ

\ 溶けたチーズと相性◎！ /
#### 焼きアボカド
1～2人前

アボカド漬けを耐熱容器に入れ、ツナ缶（オイルタイプ）½缶を加え混ぜ、チーズ（溶けるタイプ）50gをのせて、トースターで5分焼く。
※そのままでももちろん、パンに付けてもおいしいです♪

漬け込み時間なしなのに とってもおいしい！

# \どれも5分でできちゃう/ 無限もやし3品

動画はこちら！

## カレー風味

**材料** 2人前

- もやし … 1袋（200g）
- スライスハム … 1枚
- ポン酢 … 小さじ1
- カレー粉 … 小さじ½
- マヨネーズ … 大さじ1

**作り方**

1. もやしを流水で洗って耐熱ボウルに入れ、ラップをして電子レンジ（600W）で3分加熱し、水分を切る。
2. **1**に好みの大きさに切ったハム、ポン酢、カレー粉、マヨネーズを加え、混ぜ合わせる。

## 中華風

**材料** 2人前

- もやし … 1袋（200g）
- カニカマ … 3本
- **A**
  - 豆板醤 … 小さじ½
  - しょうゆ … 小さじ½
  - ごま油 … 小さじ½
  - 昆布茶 … 小さじ¼
  - ニンニク（すりおろし）… ½かけ
  - 酢 … 小さじ1
  - 炒りごま … 適量

**作り方**

1. もやしを流水で洗って水を入れた鍋に入れ、沸騰するまで茹でたらザルに上げる。
2. ボウルにカニカマを手で割きながら入れ、**A**ともやしを加えて混ぜ合わせる。

## しょうがピリ辛

**材料** 2人前

- もやし … 1袋（200g）
- えのき … 20g
- ソーセージ … 2本
- しょうが（皮付き）… 10g
- ※チューブでも◎
- **A**
  - しょうゆ … 小さじ1
  - 酢 … 小さじ1
  - ごま油 … 小さじ½
  - 炒りごま … 適量
  - 黒こしょう … 少々

**作り方**

1. ボウルに半分に切ったえのきを入れ、細かくほぐす。
2. ソーセージを好みの大きさに切り、**1**のえのき、ソーセージ、洗ったもやしを耐熱ボウルに入れ、ラップをして電子レンジ（600W）で3分加熱し、水分を切る。
3. しょうがを皮付きのまますりおろし、**2**のボウルに汁ごと加え、**A**を加えて混ぜ合わせる。
   ※しょうがの辛みが苦手な場合は、**2**の工程で一緒に加熱、みじん切りにしたり少量にしても◎。

PART : 3 コスパ良い！食材少しでもうまいばばっとごはん

ポイント　もやしは水から茹でるとシャキッと感が増します。味を濃くしたい場合は、もやしが冷めた状態で水気を絞ると◎。

カレーの風味が良いアクセントに♪

カレー風味

中華風

昆布茶の効いた風味とシャキシャキ食感が◎

しょうがピリ辛

うまみがあってしょうががピリッ食感もグッド！

カレー粉とマヨネーズの
アクセントが
**効いていて◎**

**テクニック** 大きめのボウルを使うと、電子レンジでまんべんなく加熱することができます！

ピリ辛えのき

カレーマヨえのき

えのきと
合わせみその
**相性バッチリ！**

きゅうりとえのきの
**食感がグッド！**

中華風えのき肉味噌

# 無限えのき3品

\ 安い うまい 早い /

つまみ / 各7min. / 動画はこちら！

## カレーマヨえのき

**材料** 1〜2人前

- えのき … 150g
- 鶏ひき肉 … 100g
- ポン酢 … 小さじ1
- カレー粉 … 小さじ½
- マヨネーズ … 小さじ3
- （盛りつけ用）
- カレー粉 … 少々

**作り方**

1. えのきを1〜2cmの長さに切る。
2. 大きめの耐熱ボウルに鶏肉とカレー粉を入れ、混ぜ合わせる。えのきを入れてよく混ぜ、ふんわりラップをして電子レンジ(500W)で3分加熱する。
3. 2にポン酢、マヨネーズを加え、さらに混ぜ合わせる。
4. 器に盛り付け、カレー粉少々をかける。

## ピリ辛えのき

**材料** 1〜2人前

- えのき … 150g
- 合わせみそ … 小さじ2
- ニンニク（チューブ）… 2cm
- 鶏ガラスープの素 … 小さじ½
- 一味唐辛子 … 適量

〈お好みで〉
- 糸唐辛子 … 適量

**作り方**

1. えのきを1〜2cmの長さに切る。
2. 大きめの耐熱ボウルに1のえのきを入れ、鶏ガラスープの素、一味唐辛子、合わせみそを加え混ぜ、さらにニンニクを加え混ぜる。
3. 2にふんわりラップをして電子レンジ(500W)で2分加熱したらもう一度混ぜ合わせ、さらに電子レンジ(500W)で1分加熱する。
4. 3を混ぜて器に盛り、お好みで糸唐辛子を散らす。

## 中華風えのき肉味噌

**材料** 1〜2人前

- えのき … 150g
- きゅうり … ½本
- 鶏ひき肉 … 100g
- 鶏ガラスープの素 … 小さじ½
- しょうゆ … 小さじ1
- しょうが（チューブ）… 2cm
- ごま油 … 小さじ1
- 黒こしょう … 適量

**作り方**

1. きゅうりを千切りにし、えのきを1〜2cmの長さに切る。
2. 大きめの耐熱ボウルに鶏肉を入れ、鶏ガラスープの素、しょうが、しょうゆを加え混ぜ、さらにえのきを加え、しっかりと混ぜ合わせる。
※全体をよく混ぜると、鶏肉がそぼろ状になって◎。
3. 2にふんわりとラップをして電子レンジ(500W)で2分加熱する。
4. 3をほぐし混ぜ、電子レンジ(500W)でもう1分加熱して全体を混ぜ、ごま油、黒こしょうを加えて器に盛り、きゅうりをのせる。
※木べらでつぶしながら混ぜると混ざりやすい。

カリッと ジューシーで おつまみにも◎

\ 馬場ごはん史上最も簡単な揚げ物レシピ /
# カリッカリ茄子

 副菜　 7min.　 動画はこちら!

### 材料　1～2人前

- なす … 2本
- しょうゆ … 大さじ2
- 片栗粉 … 大さじ2～3
- サラダ油 … 適量
- 青のり … 少々
- 黒こしょう … 少々

### 作り方

1. なすをフォークで刺して穴をあけてから、ひと口大の乱切りにする。
2. ボウルに**1**のなすを入れ、しょうゆを加えて混ぜて下味をなじませる。片栗粉を加え、さらに混ぜ合わせる。
3. フライパンに油を入れ、170℃で揚げる。衣がきつね色になったら網付きのバットになすを取り出し、粗熱を取る。
4. なすを器に盛り付け、青のり、黒こしょうをふる。

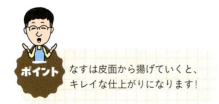

**ポイント**　なすは皮面から揚げていくと、キレイな仕上がりになります!

コスパ良い！食材少しでもうまいばばっとごはん PART:3

ニンニクの香りとトマトの皮がアクセント！

ぎゅっと詰まった果肉とハチミツの風味が◎

ヤバいくらいおいしいので食べすぎ注意！
# ミニトマトの浅漬け

副菜 ／ 各7min. ／ 動画はこちら！

## 材料（1人前）

**【めんつゆver】**
- ミニトマト … 250g
- 小ねぎ … 適量
- めんつゆ（2倍濃縮タイプ）… 100ml
- ニンニク（チューブ）… 1cm
- 黒こしょう … 少々
- オリーブオイル … 大さじ1

**【ハチミツver】**
- ミニトマト … 250g
- 塩 … 小さじ½
- ハチミツ … 大さじ2
- 酢 … 大さじ1
- 輪切り唐辛子 … 小さじ1
- オリーブオイル … 小さじ2

## 作り方

**【基本の調理】**

1. ミニトマトはヘタを取ってから洗い、水気を切り平皿にヘタ部分を下にして並べる。
2. 1と同様の平皿をかぶせ、横の隙間から包丁を入れ、ミニトマトを横半分に切る。

**テクニック　トマトの切り方**
作り方の1と2の方法でミニトマトを横切りすると一瞬で切ることができるので、大量のミニトマトを使うときにおすすめです♪

**【めんつゆver】**

1. ボウルにニンニク、めんつゆを入れて混ぜ、黒こしょう、オリーブオイルを加える。
2. 1に【基本の調理】のミニトマトを加え混ぜ合わせ、小口切りした小ねぎを散らす。

**【ハチミツver】**

1. ボウルにハチミツ、酢、輪切り唐辛子、塩を入れてしっかりと混ぜ、さらにオリーブオイルを加え混ぜ合わせる。
2. 1に【基本の調理】のミニトマトを加え、混ぜ合わせる。

あなたは
ごはん派？
パン派？
どっち!?

\ 下積み時代によく作った思い出の味 /
# 卵で100円朝食

飯・パン　各 8 min.　動画はこちら！

### 材料　1人前

**【ごはん派ver】**
卵 … 1個
ごはん … お茶碗1杯分
千切りキャベツ … 40g
塩 … 少々
黒こしょう … 少々
マヨネーズ … 大さじ1
サラダ油 … 小さじ1

〈お好みで〉
しょうゆ … 小さじ½

**【パン派ver】**
卵 … 1個
食パン（6枚切り）
　… 1枚
千切りキャベツ … 40g
塩 … 少々
黒こしょう … 少々
マヨネーズ … 大さじ2
わさび（チューブ）
　… 2cm
サラダ油 … 小さじ1

**ポイント**
このレシピは、NSC時代に森三中から教わった思い出のレシピなんです。目玉焼きはフタをしないで焼くと、黄身が半熟の仕上がりになりますよ♪

### 作り方

**【基本の目玉焼き】**

1　フライパンに油を引き、中火で熱する。ボウルに卵を割り入れ、フライパンにやさしく落とす。

2　塩、黒こしょうをふり、白身がカリッと焼けるまで約5分加熱する。

**【ごはん派ver】**

1　器にごはんを盛る。

2　1に千切りキャベツをのせ、その上に【基本の目玉焼き】をのせ、マヨネーズ、お好みでしょうゆをかける。

**【パン派ver】**

1　パンをトーストする。

2　ボウルに材料の半分のマヨネーズとわさびを入れて混ぜ合わせたものをパンに塗り、千切りキャベツ、【基本の目玉焼き】をのせ、残りのマヨネーズをかける。

ニンニクと
まろやかな
たまごの風味が◎

コスパ良い！**食材少しでもうまいばばっとごはん** PART:3

## ＼フライパン1つでできる／
## ぺぺたまパスタ

動画はこちら！

### 材料　1人前

- パスタ … 1人前
- コンソメ（顆粒）… 2.5g
- オリーブオイル … 大さじ2
- ニンニク … 1かけ
- 鷹の爪 … 1本
- 卵 … 1個
- 塩 … 適量

（パスタを茹でる用）
- 水 … 適量
- 塩 … 少々

### 作り方

1. フライパンにたっぷりの水と塩を入れ、お湯を沸かす。ニンニクの皮をむき、1mm幅で薄くスライスする。鷹の爪は種を取り除いておく。

2. 1のお湯が沸騰したらパスタを入れ、袋に書いてある茹で時間から2分ほどを残すタイミングで、茹で汁を8割ほど捨て、強火にして材料の半量のコンソメを入れ、ニンニク、鷹の爪、オリーブオイルの半量を加え混ぜ、塩で味を調え、さらに残りのコンソメと卵を溶いたものをフライパンに流し入れたら火を止めて混ぜる。

3. 器に盛り、仕上げに残りのオリーブオイルをかける。

**テクニック** パスタはねじりながらゆっくりフライパンに入れるのがコツ。茹で汁を捨てるときは盛りつけ用の皿にかけると皿が温まって◎。

## 僕の相棒たち
### ～調理器具編～

YouTube「ばばっと！馬場ごはん」で、馬場ちゃんがよく手にしている調理器具たち。このコラムではその相棒たちについて紹介してもらいました。

スライサーで簡単ラクちん♪

### 調理器具は「RPGの装備」

調理器具はロールプレイングゲームの装備みたいなものだと僕は思っていて、上手に使うことで、楽に、おいしく、早く調理ができます。包丁なんかも、僕が愛用しているのは柄と刃の部分が一体型のステンレス製の、研ぎ続ければ一生使えるようなものを使っているんですけど、愛情をかけて長く使えるお気に入りの調理器具をそばに置くのは、本当におすすめですね。

### 僕の大切な相棒たちを、紹介！

**おろし器**

細かい目のおろし器です。しょうがをおろすときに繊維も切れますし、硬い岩塩なども削れます。洗うのも簡単ですよ。

**鬼おろし器**

昔ながらのおろし器で、食感のある大根おろしができたり、長芋をおろすことができます。木製で木の温もりを感じることができます。

**ごま炒り器**

最近の一番のお気に入りですね。目が細かくて、ごまに最適ですが、銀杏とかも炒ることができます。これがあると自分の加減で炒ることができるのがいいですね。

便利で使いやすい調理器具で料理をしていると、本当に愛着が湧いてきますし、料理が楽しくなります。みなさんの料理生活にも、いかがですか？

**びん蓋開け**

フタが硬い瓶も楽々開けることができるので、あるととても重宝します。これがあれば開かずのジャムやはちみつのフタなども、開けられるかも？

**シェフトング**

細くてキレイなフォルム。パスタの盛りつけや、焼肉、しゃぶしゃぶでも活躍。細かいものもつかめるので、重宝しています。

PART

## 10分以内でできちゃう
# リアル
# ばばっとごはん

この章では、時短でおいしく10分以内で作れちゃうレシピを紹介します。
時短だからってもちろん手抜きではなく、メインが張れる料理や、
忙しいときの朝食やサクッと食べたい夜食に最適なレシピも。
さあ、忙しい毎日の強い味方になってくれるレシピが登場です!

サクッと食べたい
夜食だって
今すぐ"ばばっと"
作れますよ♪

極ウマだれで想像を超える珠玉の逸品！

9 min.

\ 巻いてチンするだけ /
## 豚バラのレタス巻き

主菜 動画はこちら！

### 材料　1人前（4個分）

豚バラ肉（スライス）
　… 4枚
レタス … 200g
プロセスチーズ（ベビー
　チーズサイズ）… 2個

【万能たれ】
卵 … 1個
長ねぎ … 5cm
ポン酢 … 大さじ3
ごま油 … 小さじ½
一味唐辛子 … 適量
炒りごま … 適量

### 作り方

1. 長ねぎの白い部分をみじん切りにし、万能たれ用の器に入れ、卵、ポン酢、ごま油、炒りごま、一味唐辛子を入れ、軽く混ぜる。

2. 半分に割ったプロセスチーズをレタスの茎部分に置き、上下左右を丸めながら包み、さらに豚肉を重ねて巻く。
※レタスの繊維と同じ方向に丸めていくと包みやすい。

3. 2を耐熱容器に入れふんわりラップをして電子レンジ（600W）で4分加熱し、余分な水気を切って器に盛り、1の万能たれを添える。

ポイント　この［万能たれ］のヒントは、台湾で食べた生卵たれの衝撃から。本当に万能なので、いろんな料理でぜひ、試してみてくださいね♪

1人前でも おいしい 簡単すきやき♪

8 min.

\ 味しみしみ&超ヘルシー /
## しらたきすき焼き

 主菜
動画はこちら!

### 材料 1人前

牛切り落とし肉 … 100g
しらたき … 300g
酒 … 大さじ2
しょうゆ … 大さじ1〜2
砂糖 … 大さじ1
卵 … 1個

〈お好みで〉
長ねぎ（青い部分）
　… 適量

### 作り方

1. しらたきを食べやすい長さに切ってボウルに入れ、砂糖を加え揉み込み、5分ほど水分が抜けるのを待つ。

2. フライパンに牛肉を入れ、中火で炒める。赤みがなくなったら牛肉を取り出す。

3. しらたきの水気を切り、フライパンに入れて牛肉の油分をからませるように、強火で炒める。水気がなくなったら、酒、しょうゆ、牛肉を加え、味を染み込ませるように煮詰める。器に盛り、お好みで斜めに細切りにしたねぎを散らす。

4. つける用の卵を器に割り入れ、溶く。
※お好みで、卵に黒こしょうや七味唐辛子をかけても◎。

**ポイント** しらたきに砂糖を揉み込むと浸透圧で水分が抜け、味が染み込みやすくなります!

9 min.

ツナのうまみとしっとりにんじんの甘みが◎

フレッシュなレモンの酸味にんじんの香りがグッド!

7 min.

## 沖縄発やみつき常備菜♪
# 無限にんじんしりしり

副菜

動画はこちら!

**材料** 1〜2人前

にんじん … 1本
ツナ缶（オイルタイプ）… 1缶
卵 … 1個
塩 … 小さじ½
黒こしょう … 少々

**作り方**

1. フライパンにツナ缶のオイルを引く。にんじんを千切りにし、フライパンに入れて中火で熱し、塩を加え、にんじんの色が変わりしんなりするまで炒める。

2. 1に卵とツナ（半量）を混ぜ合わせたものを加え、炒める。卵にある程度火が通ったら残りのツナを加え、全体に火が通るまで炒める。

3. 仕上げに黒こしょうをふり、器に盛る。

## フランス発やみつき常備菜♪
# 無限にんじんラペ

副菜

動画はこちら!

**材料** 1〜2人前

にんじん … 1本
炒りごま … 小さじ1
塩 … 小さじ½
黒こしょう … 少々
レモン汁 … ½個分
オリーブオイル … 小さじ1

**作り方**

1. にんじんを千切りにする。

2. ボウルににんじんを入れ、塩、黒こしょう、レモン汁、炒りごまを加えて混ぜ合わせる。

3. 最後にオリーブオイルを加え混ぜ合わせ、器に盛る。

**ポイント　にんじんの切り方**

にんじんを千切りにするときは、千切り器を使うと簡単なうえに包丁より断面がギザギザになるので味がからみやすくておすすめです♪　また、にんじんは乾燥を嫌うので冬は新聞紙に包んで冷蔵庫の野菜室に入れると、長期保存ができますよ!

\ 梅と塩昆布と混ぜるだけ /

# 大根の千枚漬け

副菜

動画はこちら！

中華風ver

甘酢ver

プレーンver

梅干しの酸味と香りが **相性バッチリ！**

 10 min.

## 材料　2人前

**【プレーンver】**
大根 … 1/2本（上の部分）
塩 … 小さじ1
梅干し … 1粒（シソ味）
塩昆布 … 大さじ1

**【甘酢ver】**
砂糖 … 小さじ1/2
酢 … 小さじ1

**【中華風ver】**
炒りごま … 小さじ1
ごま油 … 小さじ1
一味唐辛子 … 少々

## 作り方

**【プレーンver】**

1. 大根を洗い、しっかりと水分を拭き取ったあと、スライサーで薄くスライスする。

2. ボウルに大根と塩を入れ、1分ほどやさしく手で混ぜ合わせる。
   ※ボウルの中で大根を上下にくるくる入れ替えるようにやさしく混ぜると、水分がうまく抜けて形が崩れない。

3. 大根がしんなりしてきたら、大根を軽く絞って水分を抜き、別のボウルに移し替える。

4. 梅干しの種を取り除き、梅肉をたたいてペースト状にし、**3** のボウルに入れ、塩昆布を加え、混ぜ合わせる。

**【甘酢ver】**

1. 〈プレーンver〉の1/3量に砂糖、お酢を加え、混ぜ合わせる。

**【中華風ver】**

1. 〈プレーンver〉の1/3量に、炒りごま、ごま油、一味唐辛子を加え、混ぜ合わせる。

 テクニック

### 大根の絞り汁

大根の絞り汁にはアミラーゼという酵素が含まれているので、ごはんにかけてしょうゆやかつお節を乗せて食べてもおいしいです♪　水洗いした大根はしっかりと水分を拭き取ると腐りにくくなって、保存性が増しますよ！

PART : 4 10分以内でできちゃう リアルぱぱっとごはん

## \ 包丁&火を使わない僕のヘビロテ常備菜 /
# 無限レンコンサラダ

つまみ

動画はこちら！

### 材料 2人前

**【和風ver】**
レンコン … 300g
カニカマ … 4本
炒りごま … 大さじ½
めんつゆ（2倍濃縮タイプ）… 大さじ1
酢 … 大さじ1
ごま油 … 小さじ½

**【中華風ver】**
レンコン … 300g
ポン酢 … 大さじ1
豆板醤 … 小さじ½
鶏ガラスープの素 … 小さじ½
ごま油 … 大さじ½
炒りごま … 大さじ½

### 作り方

**【基本の調理】**

1. レンコンの泥を洗い流してピーラーで皮をむき、スライサーで薄くスライスする。

2. 1を耐熱ボウルに入れ、ふんわりラップをして電子レンジ（600W）で3分加熱し、余熱で火を入れておく。

**【和風ver】**

1. 【基本の調理】にめんつゆ、酢、ごま油、炒りごま、ほぐしたカニカマを加え、混ぜ合わせる。炒りごまをかけ、器に盛る。

**【中華風ver】**

1. 【基本の調理】に、ポン酢、豆板醤、鶏ガラスープの素、ごま油、炒りごまを加え、混ぜ合わせる。

レンコンのシャキシャキととろみが◎♪

各 8 min.

中華風ver

和風ver

**ポイント** あたたかいまま食べても冷蔵庫で冷やして食べてもおいしいですよ♪

豚バラとキャベツの甘み・うまみがたまらない♪

8+α min.

煮干し粉のアクセントがグッド！

# キャベツの塩炊き＆
# キャベツの塩炊きパスタ

＼ 農家さん直伝 ／

 主菜  麺  動画はこちら！

## 材料

**【キャベツの塩炊き】** 2人前
キャベツ … 1/2玉
豚バラ肉（スライス）… 200g
しょうが（皮付き）… 10g
塩 … 小さじ1/2〜1
黒こしょう … 少々
水 … 100㎖

**【キャベツパスタの塩炊き】** 1人前
キャベツの塩炊き … 適量
キャベツの塩炊きのスープ … おたま1杯分
パスタ … 80〜100g
煮干し粉 … 小さじ1
オリーブオイル … 大さじ1
しょうが（みじん切り）… 5g

（パスタを茹でる用）
水 … 適量
塩 … 少々

## 作り方

**【キャベツの塩炊き】**

1. キャベツの芯を切り取り、くし形に3等分に切る。しょうがを皮付きのまま薄くスライスする。

2. 鍋を強火で熱し、豚肉を入れて炒める。ある程度火が通ったらキャベツを加え、豚肉を焼きすぎないようにキャベツの上にのせる。しょうがを加え、キャベツの1面に焼き目が付くまで熱し、水と塩を加え、鍋にフタをして5分蒸し焼きにする。

3. 火を止め、黒こしょうをふり、器に盛り付ける。

**【キャベツの塩炊きパスタ】**

1. パスタを表示時間通り茹でる。

2. フライパンを中火で熱し、オリーブオイル、しょうがを入れ、煮干し粉を加える。
※しょうがはニンニクに代えても◎。

3. **2**に【キャベツの塩炊き】とスープと**1**のパスタを加え、からめ合わせる。

**ポイント**: 蒸し焼き中、水分が減って焦げつかないよう注意してくださいね！ やわらかめが好きな人は加熱時間を長くしましょう。

ごま油が香る やさしい味♪

7 min.

\ 罪悪感ゼロな /
## 豆腐のナムル

副菜

動画はこちら！

**材料** 1〜2人前

豆腐（木綿）… 1丁
小ねぎ … 3本
和風だしの素（顆粒タイプ）… 3g
※昆布茶や鶏ガラスープの素でも◎
塩 … 小さじ½
黒こしょう … 適量
ごま油 … 小さじ1

**作り方**

1. 豆腐の水気を絞って抜く。小ねぎを小口切りする。
※豆腐を縦にして、キッチンペーパーで絞ると、しっかり水分が抜ける。

2. ボウルに豆腐、小ねぎ（材料の⅔）、和風だしの素、塩、黒こしょうを入れ、箸で豆腐をくずしすぎない程度に混ぜ合わせ、ごま油を加えて混ぜる。

3. 器に盛り付け、残りの小ねぎを散らす。

**ポイント** ちょっと一品追加したいときに簡単でおすすめです♪ 豆腐はヘルシーなのでダイエットにも◎。

# 大人も子どもも大好きな！豆腐ドーナッツ＆アメリカンドッグ

10 min.

PART：4

10分以内でできちゃうリアルぱぱっとごはん

外はカリッと中はもっちりふわふわでみんな大好きな味♪

副菜

動画はこちら！

## 材料　1～2人前

**【豆腐ドーナッツ＆アメリカンドッグ】**

豆腐（絹ごし）… 150g
ホットケーキミックス … 150g
魚肉ソーセージ … ½本
サラダ油 … 大さじ3
ケチャップ … 適量
マスタード … 適量
水 … 適量

〈お好みで〉
ハチミツ … 適量

**テクニック**
フライパンを斜めにすることで少量の油で焼き上げることができて◎。ただし、安全には十分に注意してください。

## 作り方

**【基本の生地】**

1. ボウルに豆腐を入れてしっかりとくずし、なめらかになるまで混ぜ、ホットケーキミックスを入れて混ぜ合わせる。生地の硬さを水を足しながら調整する。

※甘さが欲しい場合は、ホットケーキミックスを入れるときに、ハチミツなどを追加する。

**【豆腐ドーナッツ】**

1. 【基本の生地】を用意する。
2. フライパンを斜めにして（火が油に移らないよう注意して）油を入れ、170℃に加熱し、ひと口大に丸めた1の生地を入れ、揚げ焼きにし、きつね色になったら裏返す。両面がきつね色になったら、器に盛る。

**【豆腐ホットドッグ】**

1. 【基本の生地】を用意する。
2. 魚肉ソーセージを2cm幅に切り、爪楊枝を刺す。
3. フライパンをドーナッツと同様に設置して油を入れ、170℃に加熱し、2の魚肉ソーセージを1の生地で丸く包んで揚げ焼きにし、きつね色になったら裏返す。
4. 両面がきつね色になったら盛り付け、ケチャップとマスタードをかける。

ネバネバと
シャキシャキで
大好きな味！

7 min.

## \ 無限に食べられて食欲UP /
# 新玉ねぎのネバネバサラダ

**材料** 1人前

- 新玉ねぎ … 1個
- カニカマ … 4本
- ひきわり納豆 … 1パック（粒納豆でも◎）
- ※付属のたれ＆和がらしも使用
- 卵（卵黄のみ）… 1個
- しょうゆ … 小さじ2
- ごま油 … 小さじ1（ラー油でも◎）

**作り方**

副菜　動画はこちら！

1. 玉ねぎの皮をむき、薄くスライスする。
   ※スライサーを使うと簡単で◎。

2. ボウルに1を入れ、空気を含ませるように混ぜて辛味を飛ばす。カニカマをほぐして加え、納豆と付属のたれと和がらしを加え、しっかりと混ぜ合わせる。

3. 器に盛り付け、真ん中を少しくぼませ、卵の黄身をのせる。仕上げにごま油としょうゆをかける。

**テクニック**　新玉ねぎをスライサーでスライスするときは、皮を残して手元側に立ち上げ、それを持って、角度を変えながらスライスすると、やりやすいですよ♪

10分以内でできちゃう リアルぱぱっとごはん　PART：4

# タルタルソース
＼5分でできる 目玉焼きで／

副菜

動画はこちら！

### 材料 2人前

- 小ねぎ … 6本
- 卵 … 2個
- マヨネーズ … 適量
- レモン汁 … 小さじ1
- 塩 … 1つまみ
- こしょう … 少々
- サラダ油 … 少々

〈お好みの食材〉
※写真はアジフライ

### 作り方

1. 小ねぎを小口切りしてボウルに入れる。
2. フライパンに油を入れ中火で加熱し、卵を割り入れて目玉焼きを作る。半熟になったらひっくり返し、好みの硬さまで焼く。
3. 1のボウルに目玉焼きを入れ、ヘラで卵をつぶしながら混ぜ、さらに、塩、こしょう、マヨネーズ、レモン汁を加えて混ぜ合わせる。
4. お好みの食材に、完成したタルタルソースを好きなだけかける。

**アレンジ**　一味唐辛子やマスタードを加えてアレンジするのもおすすめです♪

5 min.

酸味があってねぎと卵の食感が◎

\ 焼き鳥缶×チーズでとろ〜り濃厚 /
# 照り焼きホットサンド

パン

動画はこちら！

**材料** 1人前

焼き鳥缶（たれ味）…1缶
チーズ（溶けるタイプ）…20g
レタス…10g
ゆで卵…1個
食パン（6枚切り）…2枚

**作り方**

1. ゆで卵を薄い輪切りにする。

2. ホットサンドメーカーに、食パン、チーズ、レタス、ゆで卵、焼き鳥（たれも残さずすべて）、チーズ、食パンの順でのせ、はさむ。

3. 中弱火で両面を3分ずつ加熱し、焼き上がったら切り分けて器に盛る。
※火が強いと中心まで火が通りにくいので、火加減に気をつける。

**テクニック** ホットサンドメーカーを閉じるときに、一番上の食パンを奥側に置いて具材をぎゅっと押し込みながら挟むとうまく閉じられますよ！

7 min.

甘辛さが パンとの相性 バツグン！

## \ 簡単でカラダにもやさしいお好み焼き /
# 豆腐豚玉

主菜

動画はこちら！

### 材料 2〜3枚分

豆腐（絹ごし）… 1丁
ニラ … 1/2束
薄力粉 … 大さじ7
マヨネーズ … 大さじ2
卵 … 1個
もやし … 1袋（200g）
豚バラ肉（スライス）… 100g
お好みソース … 適量

〈お好みで〉
マヨネーズ … 適量
かつお節 … 適量
青のり … 適量

### 作り方

1. もやしを水で洗い、ニラを細かく切る。

2. ボウルに水を軽く切った豆腐を入れ、細かくくずす。薄力粉、マヨネーズ、卵、ニラを加えしっかりと混ぜ、もやしを加えさらにかき混ぜる。

3. フライパンに油を引かずに豚肉を並べ、その上に生地を薄く広げ、中弱火でフタをしてしっかりとひっくり返せるほどに固まるまで焼く。

4. フタをあけ、生地を返し、もう一度フタをしてしっかりと中に火が通るまで焼く。
   ※フライ返しで、表面を軽く叩いたときに、戻ってくるような感覚があればOK。

5. 器に盛り付け、お好みソースを塗る。お好みでマヨネーズ、かつお節、青のりをかける。

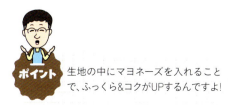

**ポイント** 生地の中にマヨネーズを入れることで、ふっくら&コクがUPするんですよ！

うどんに染みた
ホルモンの
濃厚な脂が
うまい！

8 min.

\ 焼きうどん史上、最も沼るうまさ /
## ホルモン焼きうどん

動画はこちら！

### 材料　1人前

- 冷凍うどん … 1玉
- 味付けホルモン（市販） … 140g
- 玉ねぎ … 1/2個
- 小ねぎ … 1本
- 酒 … 大さじ1
- 焼肉のたれ … 大さじ2
- 一味唐辛子 … 少々
- サラダ油 … 小さじ1

### 作り方

1. 玉ねぎを薄切りにする。うどんを電子レンジで表示時間通りに解凍する。
2. フライパンに油を引き、中火で加熱する。玉ねぎを入れ、軽く焼き目が付いて透き通ってくるまで炒めたら、味付けホルモンを入れて炒める。
3. ボウルに、酒、焼肉のたれ、一味唐辛子を入れて混ぜ合わせる。
4. 2のフライパンに1のうどんと3を加えて全体に火が通るまで炒める。器に盛り付け、小口切りにした小ねぎを散らす。

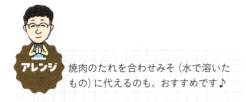

**アレンジ**　焼肉のたれを合わせみそ（水で溶いたもの）に代えるのも、おすすめです♪

10分以内でできちゃう リアルばばっとごはん　PART : 4

6 min.

ツルツル喉越し
ネバネバ好きに
たまらない！

＼ 火も包丁も使わない爆速レシピ ／
## スタミナ冷やし油うどん

麺

動画はこちら！

**材料** 1人前

冷凍うどん … 1玉
卵 … 1個
ひきわり納豆
　… 1パック
小ねぎ … 2本

A｜
鶏ガラスープの素 … 小さじ1/2
オイスターソース … 小さじ2
しょうゆ … 小さじ1/2
ニンニク（チューブ）… 2cm
炒りごま … 適量
一味唐辛子 … 適量
黒こしょう … 適量
ごま油 … 大さじ1

**作り方**

1　うどんを電子レンジで表示時間通りに解凍し、冷水で洗い、氷水の入ったボウルでよくしめ、水気を切る。

2　器にひきわり納豆、A、卵白、うどんを入れ、泡立てるようにしっかりと混ぜ合わせる。

3　皿に2を盛り付け、真ん中に卵黄を入れ、キッチンバサミで小口切りした小ねぎを散らす。

**テクニック**　うどんは氷水でしめるとコシがより強くなりますよ♪

とろとろ卵とガツンとベーコン！トマトの酸味が◎

\ トマトがくずれない㊙切り方も伝授！/
## ベーコンエッグ丼

8 min.

動画はこちら！

### 材料　1人前

- ごはん … 200g
- 小ねぎ … 1本
- 炒りごま … 少々
- ベーコン（厚切り） … 60g
- トマト … 1個
- 卵 … 2個
- マヨネーズ … 大さじ1
- 黒こしょう … 少々
- めんつゆ（2倍濃縮タイプ）… 小さじ½
- 塩 … 少々

### 作り方

1. 小ねぎを小口切り、トマトを筋に沿ってひと口大に、ベーコンをお好みの大きさに切る。
2. フライパンを中火で加熱し、ベーコンを入れ、両面に焼き目が付くまで焼く。
3. ベーコンを焼いている間に、ボウルに卵、マヨネーズ、めんつゆを入れ、混ぜ合わせる。
4. 別のボウルに温かいごはん、小ねぎ（材料の¾ほど）、炒りごまを加えて混ぜ込み、器に盛る。
5. 2のベーコンが焼けたらトマトを入れ、トマトを温める程度に焼く。塩を加えて3を入れ、卵が半熟になるまで強火で炒める。
6. ごはんを盛った器に5をかけ、残した小ねぎを散らし、黒こしょうをふる。

テクニック

トマトは筋に沿って切ると、果肉が飛び出しにくく、くずれにくくなりますよ♪

10分以内でできちゃう リアルぱぱっとごはん　PART：4

## 深夜の閲覧注意 究極系卵ごはん
## カルボナーラめし

動画はこちら！

**材料** 1人前

- ごはん … 200g
- ベーコン（厚切り） … 80g
- ニンニク … 1かけ
- 卵 … 1個
- 黒こしょう … 適量
- オリーブオイル … 大さじ1
- 粉チーズ … 大さじ1
- しょうゆ … 適量

**作り方**

1. ニンニクを2mm幅にスライスする。ベーコンを5〜7mm幅のダイス状に切る。
   ※ニンニクの中心に芽があったら、取り除くと焦げにくくなり◎。
2. フライパンを中火で熱し、ベーコンを入れ、焼き目が付くまで炒めたらニンニクを加え、ニンニクにも焼き目が付いたら取り出す。
3. フライパンに卵を入れ、半熟の目玉焼きを作る。
4. 器にごはんを盛り、2のベーコンとニンニクをのせ、粉チーズと黒こしょうをふって、3の目玉焼きをのせオリーブオイルをかける。食べるときに卵黄をつぶしてからしょうゆをかける。

**テクニック** キレイな目玉焼きの作り方

ザルに卵を割り入れ、水気を軽く取ってから焼くと余分な水分が抜けて白身が広がらず、お店のような白身のこんもりとしたキレイな目玉焼きを作ることができますよ♪

9 min.

映えてうまくて天才的なやみつき飯！

\ 卵豆腐&なめこが決め手 /
# 卵豆腐と豚ひき肉のバカ旨丼

動画はこちら!

### 材料 1人前

- ごはん … 200g
- 卵豆腐 … 2個
- ※付属のたれも使用
- 豚ひき肉 … 100g
- ニラ … 5本
- しょうが（皮付き）… 5g
- なめこ … 100g
- みそ … 大さじ1
- ※お好みのみそで◎
- 水 … 大さじ4
- ごま油 … 適量
- ※ラー油に代えても◎

〈お好みで〉
- 糸唐辛子 … 適量

**ポイント** なめこが片栗粉の代わりになって、あんかけ風に♪

### 作り方

1. ニラを細かい小口切りにする。しょうがを皮付きのまま、すりおろす。なめこを流水でざっと洗う。
※なめこは洗うことで、臭みが取れる。

2. フライパンに、なめこ、卵豆腐付属のだし、しょうが、豚肉、みそ、水を入れ、みそがダマにならないように溶き、豚肉を軽くほぐしてから、強火で炒める。

3. 沸騰してきたら中火にし、とろみが出るまで炒め、卵豆腐を入れてスプーンなどでお好みのサイズにくずす。ニラを加え、軽く混ぜ合わせたら火を止めてごま油をまわしかける。

4. 器にごはんを盛り、3をかける。お好みで、糸唐辛子を散らす。

するっと食べれて夏にも◎

9 min.

PART : 4　10分以内でできちゃうリアルぱぱっとごはん

6 min.

具材がジューシーでもっちり♪

\爆速朝ごはん！/
# ライスペーパーロール

主食　動画はこちら！

### 材料　1人前

- ライスペーパー…1枚
- ハム（スライス）…1枚
- スライスチーズ
  　（溶けるタイプ）…1枚
- 卵…1個
- カット野菜…適量
  　※お好みのもので◎
- マヨネーズ…大さじ1
- 塩…少々
- 黒こしょう…少々

### 作り方

1. フライパンにマヨネーズをうずまき状に引き、ライスペーパーを乾いた状態のままのせる。

2. ライスペーパーの奥にチーズ、手前にハムを置いて卵を中央に割り入れ、黄身をつぶして広げる。全体に塩、黒こしょうをかけ、カット野菜をのせ、フタをし、フライパンを火にかけ中火で2分ほど加熱する。

3. 卵の白身が固まってくるほどのタイミングで、ライスペーパーのフチのカリカリの部分（左右、奥側の3か所）を内側に折り込んで折り目を付け、フライ返しや菜箸を両手に持って、手前から奥へくるくると包むように巻く。

4. 巻き終わりを下にして形を整える。左右のはみ出たところは菜箸で押し込んで整えるとよい。

テクニック：ライスペーパーは巻き終わりの部分を下にして熱すると、中身が蒸されてしっとりと仕上がり、バラバラにならないですよ♪

91

COLUMN 04

# 僕の相棒たち
## ～調味料編～

YouTube「ばばっと！馬場ごはん」で、馬場ちゃんが楽しそうに紹介してくれる調味料たち。このコラムではそんなお気に入りたちへの想いを聞いてみました。

黒こしょうも大好きですね

### 探し求め続ける、調味料愛

僕はよく仕事のロケでいろんなところに行くので、その土地に根付いているご当地の調味料を探します。長く愛されているものってやっぱりとてもおいしいんです。調味料はこだわって探してみると「こんなに違いがあるんだ」って発見が楽しいですし、いろんな料理の隠し味やポイントにもなって◎。YouTubeでもときどき紹介していますが、自分好みにブレンドしてみるのもおすすめですよ。

### 僕の相棒たちを、紹介！

**浜納豆**（ヤマヤ醤油）
京都の大徳寺納豆も有名ですが、これは浜松で作られています。麻婆豆腐やみそ系の料理に入れると深みが出ます。

**宮古島多良間産黒糖**（宮古製糖）
ちゃんとサトウキビだけで作った黒糖で、少し苦みがあって素朴な味。料理やお菓子とか、いろいろ使えます。

**潮かつお燻焼き**（カネサ鰹節商店）
静岡ロケのときに見つけました。昔ながらの製法で作られていて、ほぐしてお茶漬けやパスタに使ってもおいしい。

**出西生姜粉末**（來間屋生姜糖本舗）
島根県出雲のしょうが。辛みが強めで、しょうが好きには本当にたまらない（笑）。粉末だからささっと使えます。

**パハール岩塩**（オフィスツーワン）
左：ミル挽き粉末／右：粗挽
約六億年前の塩。丸みのある塩でお肉にもお魚にも合います。料理はもちろん、カバンに入れて持ち歩いています。

たとえば好きな一味唐辛子同士をブレンドして、二味唐辛子にしてみたり。自分でオリジナルの調味料を作って、ちょっとしたときに加えると、味に変化や深みが出て、さらに料理が楽しくなるんです。みなさんも、ぜひ試してみてください！

# PART 5

## 余り&常備食材でうまい、
## ばばっとごはん

この章では、いつも冷蔵庫やストックにある
「いつもの食材」や「余りがちな食材」を
ムダなく消費して簡単においしい、
究極のレシピを紹介します。

いつもの食材も、
いつもの調味料
との掛け合わせで
大変身しちゃうん
ですよ♪

ガツンとやみつきクセになる！

\ SNSで人気の味付け卵をアレンジ /
# マヤック卵 馬場流アレンジ版

副菜　飯　10 min.　動画はこちら!

## 材料　卵4個分

卵 … 4個
小ねぎ … 1本
ごはん
　… 200g（1人分）

〈お好みで〉
一味唐辛子 … 適量

A
- ニンニク（チューブ） … 1cm
- しょうゆ … 大さじ2
- 酢 … 大さじ1
- 砂糖 … 大さじ1
- 炒りごま … 小さじ2
- ごま油 … 小さじ2

## 作り方

1. ボウルの上にポリ袋を広げ、Aと小口切りにした小ねぎを入れる。

2. フライパンに卵が浸かるくらいの水を入れ、沸騰させる。

3. ボウルに卵を割り入れ、沸騰したお湯に卵を低い位置から形がくずれないように入れ、4分茹でてポーチドエッグ状にする。
※アクが浮いてきたら都度、取り除く。

4. 4分経ったら卵を引きあげ、1の調味料の入ったポリ袋に入れる。ポリ袋の空気を抜きながら口を縛り、粗熱が取れたら冷蔵庫で一晩寝かす。

5. 器にごはんを盛り、マヤック卵をのせてつけ汁もかける。
※お好みで、一味唐辛子をかけても◎。

**ポイント**　卵を割って茹でるときはくっつきにくい加工のフライパンを使用すると、キレイに作れます。酢が苦手な場合はたれに酢を入れず、代わりに卵をポリ袋に移すときに茹で汁を少し入れると、味がちょうど良くなりますよ♪

余り&常備食材でうまい ばばっとごはん　PART:5

## 材料 2人前

【大根の浅漬け】
- 大根 … ½本
- 砂糖 … 小さじ2
- 塩 … 小さじ1
- 酢 … 小さじ3
- 一味唐辛子 … 適量
- 昆布 … 5cm

※昆布茶や塩昆布、和風だしの素でも◎

【大根の皮のきんぴら】
- 大根の皮 … ½本分
- めんつゆ（2倍濃縮タイプ） … 小さじ1
- 炒りごま … 少々
- 七味唐辛子 … 少々
- ごま油 … 小さじ1

## 作り方

【大根の浅漬け】

1. 大根の皮をむき、いちょう切りにする。
2. ポリ袋に大根と砂糖を入れ、空気を含ませて口を閉じ、袋を振り混ぜる。
3. ポリ袋の口を緩めて空気を抜き、大根を袋の上から揉み込む。
4. 塩、酢、一味唐辛子、昆布を加え振り混ぜたら、空気を抜いて口をしっかりと閉じて、1時間ほど冷蔵庫で寝かす。

※昆布は軽く揉んでから入れるとやわらかくなり袋が破れにくい。

【大根の皮のきんぴら】

1. 【大根の浅漬け】の1で余った皮を繊維に沿って千切りにする。
2. フライパンに1を入れ中火で炒め、大根がしんなりし始めたらごま油を加え、焼き目が付くまで炒める。
3. めんつゆを加え、大根にからませる。七味唐辛子、炒りごまをふり、器に盛る。

### テクニック　大根の皮を手でむく方法

まな板に大根を置き、上から手で押さえながらくるくると複数回回転させたら、繊維に沿って切り込みを入れ、皮と実の間に指を入れて軽く力を入れまわしていくと、簡単に皮をむくことができます♪

皮までムダにしないSDGsなレシピ！
# 大根の浅漬け＆大根の皮のきんぴら

副菜　13min.

酸味と甘みが絶妙なおいしさ！

ジャクジャク食感と七味がアクセント♪

ザクザクキャベツとジューシーツナの夢の共演!

## パンの代わりにキャベツで罪悪感ゼロ！
# 焼きキャベツサンド

動画はこちら！

主食　20min.

### 材料　1〜2人前

- キャベツ … 150g
- 卵 … 2個
- めんつゆ（2倍濃縮タイプ）… 大さじ½
- ツナ缶（オイルタイプ）… 1缶
- 黒こしょう … 少々
- マヨネーズ … 大さじ2

### 作り方

1. キャベツを千切りにする。
   ※スライサーを使っても◎。
2. 1をボウルに移し、手で軽く揉む。卵を割り入れ、めんつゆを入れて混ぜる。
   ※めんつゆは白だしに代えても◎。
3. 卵焼き用のフライパンにツナ缶のオイルを入れ、中弱火ほどにして2を一度に入れ、全体に平らになるように整え、アルミホイルでフタをし、5〜6分蒸し焼きにする。
4. ツナ缶に、黒こしょう、マヨネーズを加えて混ぜる。
5. 3のアルミホイルをはがして生地を裏返し、再度、アルミホイルでフタをし、中火で1分ほど焼く。
   ※裏返すときはフライパンから平らな大皿にキャベツ卵をずらすように移し、上から角型フライパンをかぶせて裏に返すと、失敗しない。
6. 5のキャベツ卵をまな板にのせ、半分にカットし、1枚の表面にツナマヨを広げて塗り、もう片方を上からのせてサンドし、お好みのサイズにカットする。
   ※ツナマヨの代わりに、ベーコンやハムをはさんでも◎。

**ポイント**　キャベツの鮮度の見分け方

半分にカットされているキャベツを買うときは、断面が盛り上がっていないものが新鮮ですよ♪

余り&常備食材でうまい ぱぱっとごはん　PART：5

外パリッ 中トロッ ジューシー！

\ 新食感 作った僕も驚いた /
# 白菜焼き

副菜 ／ 12 min. ／ 動画はこちら！

### 材料　2人前

白菜 … 4枚
天ぷら粉 … 80g
白だし … 大さじ2
水 … 100㎖
サラダ油 … 大さじ2

【たれ】
酢 … 大さじ1½
しょうゆ … 大さじ1½
炒りごま … 大さじ½
ごま油 … 小さじ1

### 作り方

1. 器にたれの調味料を入れ、混ぜ合わせる。

2. 白菜（½カットのもの）の芯の部分に切り込みを入れ、手で半分に割く。白菜を洗い、芯の部分を切り落とし、1枚ずつはがす。まな板に1枚ずつ置き、白菜の反っている部分を包丁の背や腹で軽く叩いて全体を平らにする。
　※白菜は好みの大きさにカットして◎。

3. ボウルに天ぷら粉、白だし、水を入れて混ぜ合わせる。
　※とろみのある濃度にすると、白菜にからみやすい。
　※天ぷら粉は、代わりにチヂミの粉を使っても◎。

4. 白菜に 3 をまんべんなく付け、余分な衣を落とす。

5. フライパンに油を引いて強火にし、4 を乗せ、フタをして2分ほど焼く。焼き色が付いたら裏返し、さらにフタをして蒸し焼きにする。
　※少し多めの油で焼くことで、ムラなくカリッと焼き上がる。

6. フタをあけ、焼き色が付いていたらさらに裏返し、フタをする。全体に焼き色が付いたら盛り付け、1 のたれを添える。

**ポイント**　白菜は手で割くとバラバラにならないので、ぜひこの方法を試してみてくださいね。できあがったら、カリカリの熱々のうちに食べてください♪

# やみつきニラ2品

\おつまみにも、おかずにも♪/

つまみ / 13 min. / 動画はこちら!

### 材料 1人前

**【ニラの塩昆布和え】**
- ニラ … ½束
- 塩昆布 … 2g
- 黒こしょう … 少々
- ※一味唐辛子でもOK
- ごま油 … 少々
- ※ラー油でもOK

**【ニラのピリ辛和え】**
- ニラ … ½束
- 鶏ガラスープの素 … 小さじ⅓
- 豆板醤 … 小さじ¼
- 干しエビ … 1つまみ
- ※なくてもOK
- 炒りごま … 適量

### 作り方

**【基本の調理】**
1. ニラを3cmほどの長さに切り、ポリ袋に入れる。

**【ニラの塩昆布和え】**
1. 【基本の調理】に塩昆布を加え、袋の口を手で閉めて振り混ぜ、袋の上から揉み込んでニラがくたっとするまで味をなじませる。袋を開け、黒こしょう、ごま油を加え、空気を含ませるように袋の口を手で閉め、振り混ぜる。

**【ニラのピリ辛和え】**
1. 【基本の調理】に鶏ガラスープの素を加え、袋の口を手で閉めて振り混ぜ、袋の上から揉み込んでニラがくたっとするまで味をなじませる。袋を開け、豆板醤、干しエビ、炒りごまを加え、空気を含ませるように袋の口を手で閉め、振り混ぜる。

ニラの塩昆布和え

ニラの風味が食欲を誘って止まらない♪

ニラのピリ辛和え

**ポイント**　生のニラの辛みが苦手な場合は、卵黄をトッピングして食べるのがおすすめです。

余り&常備食材でうまい ばばっとごはん　PART：5

トマトとツナの調和が最高！

## ＼秒でなくなる／
## ツナ&トマトのナムル

 副菜　 13min.　動画はこちら！

### 材料 1人前

- ツナ缶（オイルタイプ）…1缶
- トマト…2個
- 玉ねぎ…1/2個
- 砂糖…小さじ2
- 塩…小さじ1/2
- しょうゆ…大さじ1/2
- 炒りごま…小さじ1
- 黒こしょう…適量
- ※多めがおすすめ

### 作り方

1. 玉ねぎの皮をむいて薄くスライスする。
   ※縦にある繊維を断ち切るように切ると、柔らかい食感になり、辛みも和らぐ。
   ※スライサーを使うと簡単に薄くできて◎。

2. ボウルに玉ねぎと砂糖を入れ、揉み込んで水分と辛味を抜く。玉ねぎがしんなりしてきたら水ですすぎ、水気をよく切る。

3. トマトをひと口大に切る。2にトマト、塩、しょうゆを加え混ぜ合わせ、ツナ缶をオイルごと加え混ぜ合わせる。

4. 炒りごま、黒こしょうを加えて軽く混ぜ、器に盛る。

 ポイント　水煮缶のツナを使う場合はオリーブオイルを加えて油分の調節をしてくださいね♪

本場では牛肉だけど豚肉でも本当においしい！

大阪名物！馬場流簡単アレンジ♪
# 肉吸い

汁 / 12 min. / 動画はこちら！

## 材料 2人前

- 豚バラ肉（しゃぶしゃぶ用）… 100g
- 豆腐（絹ごし）… 150g
- 卵 … 2個
- 青ねぎ … 適量
- ワンタンの皮 … 適量
- うどんスープの素 … 2パック
- 酢 … 小さじ1/2
- 水 … 600ml

## 作り方

**1** 鍋にひと口大に切った豆腐を入れ、水を注ぎ、うどんスープの素を加え、弱火で温めておく。
※うどんスープの素の代わりに、めんつゆや白だし、いりこだし、かつおだしにしてもOK（関西系のだしがおすすめ）。

**2** 1を温めている間に、ねぎを斜めの薄切りにする。
※ねぎは斜めの薄切りにすることで、関西の本場感が出る。

**3** 豚肉を1に入れ、アクを取る。
※肉は牛肉に変更しても◎。澄んだスープにしたい場合は、肉を別茹でしてから入れてもOK。

**4** 3に卵を割り入れ、弱火で2分間加熱し、卵に火が通ってきたら、ワンタンの皮を入れ、サッと火を通す。隠し味に酢を入れて、軽く混ぜる。
※お酢を少し入れることで、味の輪郭がはっきりとする。
※卵の固さはお好みで◎。

**5** 器に4を盛り、ねぎを添える。

### アレンジ / 簡単 / カレーうどん

鍋に馬場流「肉吸い」1人分（お好きな量）を入れて軽く温め、そこに市販のカレールウ20gを割り入れて溶かし、水を適量足します。そこに、冷凍うどん1玉を入れ、麺が茹で上がったらカットした青ねぎを添えて完成！ お蕎麦屋さんのカレーうどんみたいでおいしいですよ♪

余り&常備食材でうまい！ばばっとごはん　PART：5

### 材料　2人前

【中華風】
- レタス … ½玉
- 塩 … 小さじ½
- 玄米酢 … 小さじ⅓
- ※料理酢であれば好きなもので◎
- ごま油 … 少々
- 炒りごま … 適量
- 粉唐辛子 … 適量

【洋風】
- レタス … ½玉
- 塩 … 小さじ½
- しらす … お好みの量
- 柑橘系の原液 … 小さじ½
- ※レモンやシークワサーなどお好みのもので◎
- オリーブオイル … 適量
- 黒こしょう … 適量

### 作り方

【基本の調理】

1. レタスを洗って水気をよく切り、ポリ袋に入れ、塩を加える。
   ※大きな葉は、半分に手で割いてカットする。
2. 袋の口を手で閉じて振り混ぜ、塩をレタスにまんべんなくなじませる。ポリ袋の上からレタスがしんなりするまで揉み込み、余分な水分をポリ袋から除く。

【中華風】

1. 【基本の調理】をボウルに入れ、酢、ごま油、炒りごま、粉唐辛子を加えて混ぜ合わせる。

【洋風】

1. 【基本の調理】をボウルに入れ、しらす、柑橘系の原液、黒こしょう、オリーブオイルを加えて混ぜる。

**ポイント**　柑橘系の原液は、YouTubeではシークワサーを使いましたが、レモンやゆず、かぼす、すだちなど、みなさんのお好きなもので大丈夫です♪

## 簡単♪やみつき常備菜！
# 無限レタスの浅漬け

副菜　21min.　動画はこちら！

ほどよく漬かったレタスが最高♪

コーンスープが まろやかに パスタを包む♪

\ 包丁使わず超簡単① /
# 温 ツナ缶パスタ

動画はこちら！

### 材料　1人前

ツナ缶（オイルタイプ）…½缶
パスタ（1.6mm）…100g
コーンスープの素　…1袋
ミックスナッツ（無塩）…20g
卵 … 1個
塩 … 小さじ1
黒こしょう … 少々

（パスタを茹でる用）
水 … 適量
塩 … 少々

### 作り方

**1** フライパンに水、塩を入れて中火にかけ、沸騰したらパスタを入れ、茹でる。
※茹で時間はパスタの袋に書いてある表記時間で◎。
※パスタをフライパンに入れる場合は、やけどしないように弱火にしてから入れる。

**2** ボウルにコーンスープの素、ツナを入れ（オイルはお好みで）、くだいたミックスナッツを加える。
※ツナをベーコンに変えても◎。

**3** 卵を小さなボウルに割り入れ、パスタの茹で時間が残り2分のタイミングで、卵をパスタに当たらないように入れて1分半茹でる。

**4** 卵のみを別の容器に取り出し、茹でたパスタを、水気を切らずに**2**のボウルに加え、混ぜ合わせる。
※からみづらい場合は、茹で汁を適量加えると◎。

**5** 器に**4**を盛り付け、卵をのせ、黒こしょうをふる。

**ポイント** コーンスープの素と麺のからみが悪いときは、茹で汁を少量加えて混ぜてください。

余り&常備食材でうまい ぱぱっとごはん PART:5

ひんやり
喉越しも◎

\ 包丁使わず超簡単② /
## 冷 ツナ缶パスタ

動画はこちら!

### 材料　1人前

- ツナ缶（オイルタイプ）
  … ½缶
- パスタ（1.6mm）… 100g
- お茶漬けの素（何味でも◎）
  … 1袋
- 刻み海苔 … 2g
- 小ねぎ … 1本
- 塩 … 小さじ1

- （パスタを茹でる用）
- 水 … 適量
- 塩 … 少々

### 作り方

1. 盛り付け用の器を冷蔵庫に入れ冷やしておく。フライパンに水と塩を入れて中火にかけ、沸騰したらパスタを表記時間より1分半〜2分ほど長めに茹でる。

2. ボウルにお好みのお茶漬けの素を入れ、小ねぎをキッチンバサミで小口切りにして加え、ツナ缶をオイルごと加える。

3. 茹でたパスタをザルに上げて流水でしめ、さらに氷水を入れたボウルに入れてしめる。

4. 3のパスタを水気を切らず2に加え、混ぜ合わせる。

5. 冷やしておいた器に盛り付け、刻み海苔を散らす。

テクニック　盛り付ける皿を事前に冷蔵庫で冷やしておくと、さらにひんやりとおいしくいただけます♪

白だし香り 麺にしっかり 味わいあり◎

\ 超簡単 アレンジ抜群♪ /
# 温 納豆パスタ

麺 / 15 min. / 動画はこちら!

## 材料 1人前

パスタ … 100g
納豆 … 1パック
白だし … 小さじ2
※めんつゆでも◎
水 … 60㎖
バター … 10g
小ねぎ … 適量
刻み海苔 … 適量

(パスタを茹でる用)
水 … 適量
塩 … 少々

〈お好みで〉
七味唐辛子 … 適量
ラー油 … 適量

## 作り方

**1** フライパンに水を入れて中火にかけ、沸騰したら弱火にしてパスタを入れ、茹でる。
※茹で時間はパスタの袋に書いてある表記時間通りで◎。

**2** ボウルに、水、白だし、納豆を入れて軽く混ぜ合わせる。
※だしの中で納豆をかき混ぜることで、だしに納豆の風味や粘り気を移す。

**3** パスタが茹で上がる1分前に、茹で汁を少し盛り付け用の皿にかけ、皿を温める。

**4** パスタが茹であがったら湯を切り、フライパンに入れ、**2**の汁のみとバターを加え、中火でからめる。
※味をみて、薄いようなら納豆に付属のたれを追加する。

**5** 器に盛り付け、残った納豆を中央に置く。刻み海苔、小口に切った小ねぎを散らし、お好みで七味唐辛子、ラー油をかける。
※オリーブオイルやごま油などをかけて、アレンジを楽しむのも◎。

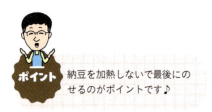

**ポイント** 納豆を加熱しないで最後にのせるのがポイントです♪

ふわふわ納豆 つるつるパスタで 喉越し最高♪

## ふわもふ食感♪ 冷 納豆パスタ

### 材料 1人前

カッペリーニ … 80g
※お好みのパスタでも◎
納豆 … 1パック
卵 … 1個
白だし … 大さじ1½
※めんつゆでも◎
オリーブオイル … 大さじ1
大葉 … 適量
みょうが … 適量
刻み海苔 … 適量
※お好きな薬味でOK

（パスタを茹でる用）
水 … 適量
塩 … 少々

### 作り方

1. ボウルに白だし、卵白を加える（卵黄は別容器に取っておく）。納豆を加え、混ぜ合わせたらオリーブオイルを加える。

2. 大葉を粗めのみじん切りにする。みょうがを薄くスライスする。

3. パスタを表示時間より1分長く茹でる。氷水の入ったボウルを用意する。

4. 茹でたパスタをザルにあけ流水で冷やしたら氷水の入ったボウルにザルごと入れてパスタをしめる。

5. 別のボウルにパスタを入れ1を加え、泡立てるようにしっかりと混ぜ合わせる。

6. 冷蔵庫で冷やしておいた器に5を盛り付け、大葉、みょうが、刻み海苔、卵黄をのせる。

**ポイント** カッペリーニは細いパスタで茹でるとかなり量が増えるので、通常の太さのパスタより少なめ（80g）が1人前の目安です！

サバみそ煮缶の甘みがつゆに絡んで最高だよ♪

\ 10分らくちん夏レシピ /
## サバ缶そうめん

 麺　 10 min.　 動画はこちら！

### 材料 1〜2人前

- そうめん…100g
- サバみそ煮缶…1缶
- きゅうり…1本
- みょうが…1個
- 大葉…5枚
- しょうが（皮付き）…1g
- アーモンド…5〜6粒
- めんつゆ（2倍濃縮）…大さじ1
- 氷…適量

**ポイント**　夏のキッチンで火を使うのがつらいときは、レンチン料理がおすすめです♪

### 作り方

**1** 器を冷蔵庫に入れ冷やしておく。ボウルにめんつゆを入れる。

**2** きゅうりを輪切りにする。しょうがを皮付きのままみじん切りにする。みょうがをお好みの大きさに刻み、大葉を5mm幅ほどの角切りにする。アーモンドを砕く。

**3** 2を1のボウルに入れる。サバみそ煮缶を加え、身をほぐす。氷を加え、全体をしっかり混ぜ合わせる。

**4** そうめんを別の耐熱ボウルに入れ、熱湯を入れて全体を浸け、電子レンジ（500W）で表示時間＋1分加熱する。

**5** 4を冷水でしっかりと洗い、しめる。器にそうめんを盛り、1をのせる。

※そうめんは油でコーティングされているので、しっかり洗うこと。

COLUMN 05

# 馬場家の食卓を
# みなさんへ

YouTube「ばばっと！馬場ごはん」で多く紹介されてきた「馬場家（母ちゃん）直伝レシピ」。このワードから、馬場ちゃんの料理のルーツをふり返ります。ファンのみなさん、必見ですよ！

僕の子ども時代（秘蔵ですよ）

## 食材の大切さ。「ムダなく」のルーツ

動画の中でよく「馬場家（母ちゃん）直伝」と話していますが、たとえば、古漬けをアレンジして和えものにしたり、お茶漬けにしたり。「ムダなく」の精神は母親の影響かもしれないですね。うちは畑をやっていましたし、裏庭に行ってみょうがや三つ葉を取ってきて、そうめんに入れたり。採れたてのおいしさを学びました。この経験が「ムダなく」「おいしく」のルーツかも。

## 成長してからの気づき

自分で料理するようになって初めて、わかったことがたくさんありました。チャーハンにしても、家族の人数分を作るとなると、すごい量になるから大変とか。僕の料理のルーツは、自然すぎてもともとはそんなに考えてはいなかったんですけど（笑）、やっぱり実家の食卓からの影響が大きいなあ、って思います。そして、その食卓から流れてきたものを、今、みなさんに伝えている。なんだか、これもまたうれしいことですね。

お弁当ですね。どんなおかずだったのかなぁ

## 体験からの発見、親しみ

僕は幼少期に野菜に囲まれて、そのおいしさやありがたさを自然と感じられる環境にいました。なので、野菜嫌いのお子さんがいる場合、収穫体験に行ってみるとおもしろいと思います。どうやって野菜が育っているのかを学べますし、土に実際触れてみることで、生産者さんの努力や気持ちも伝わると思いますしね。

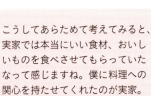

こうしてあらためて考えてみると、実家では本当にいい食材、おいしいものを食べさせてもらっていたなって感じますね。僕に料理への関心を持たせてくれたのが実家。本当に感謝です。

## 食材別索引

### 肉・肉加工品

〈牛肉〉
チンジャオロース … 31
肉じゃが … 32
しらたきすき焼き … 73

〈鶏肉〉
鶏マヨ … 18
ピー肉 … 33
チキン南蛮 … 35
鶏丼 … 39
悪魔のささみ漬け … 46
バッファローチキン … 47
無限手羽 … 48
鶏もやし … 50
悪魔の砂肝 … 54
無限えのき3品（カレーマヨえのき、
　中華風えのき肉味噌）… 64

〈豚肉〉
キャベツ焼き … 13
豚キムチ＆豚キムチチャーハン … 24
豚肉のとろっとろニラ玉 … 26
ゴーヤチャンプルー … 27
しっとり柔らか豚しゃぶ … 28
豚のしょうが焼き … 29
ズボラ餃子 … 30
肉みそ納豆 … 34
失敗しない麻婆豆腐 … 38
馬場家秘伝の豚汁 … 40
パラパラチャーハン … 43
豚えのきのバタポン焼き … 53
豚バラのレタス巻き … 72
キャベツの塩炊き＆
　キャベツの塩炊きパスタ … 78
豆腐豚玉 … 85
卵豆腐と豚ひき肉のバカ旨丼 … 90
肉吸い … 100

〈肉加工品〉
焼きもやし … 14

濃厚ケチャップのもちもちパスタ … 42
ちくわチーズベーコン … 57
無限もやし3品（カレー風味、
　しょうがピリ辛）… 62
照り焼きホットサンド … 84
ホルモン焼きうどん … 86
ベーコンエッグ丼 … 88
カルボナーラめし … 89
ライスペーパーロール … 91

### 魚介類・魚加工品

無限ツナ大根 … 19
白身魚のホイル蒸し … 36
ちくチリ … 56
ちくわチーズベーコン … 57
無限もやし3品（中華風）… 62
無限にんじんしりしり … 74
無限レンコンサラダ（和風ver）
　… 77
豆腐ドーナッツ＆
　アメリカンドッグ … 81
新玉ねぎのネバネバサラダ … 82
焼きキャベツサンド … 96
ツナ＆トマトのナムル … 99
無限レタスの浅漬け … 101
温　ツナ缶パスタ … 102
冷　ツナ缶パスタ … 103
サバ缶そうめん … 106

### 卵

卵チャーハン … 12
豚肉のとろっとろニラ玉 … 26
ゴーヤチャンプルー … 27
チキン南蛮 … 35
だし巻き卵 … 37
パラパラチャーハン … 43
ワンパントースト … 52
卵で100円朝食 … 68

ペペたまパスタ … 69
豚バラのレタス巻き … 72
しらたきすき焼き … 73
無限にんじんしりしり … 74
新玉ねぎのネバネバサラダ … 82
タルタルソース … 83
照り焼きホットサンド … 84
豆腐豚玉 … 85
スタミナ冷やし油うどん … 87
ベーコンエッグ丼 … 88
カルボナーラめし … 89
ライスペーパーロール … 91
マヤック卵
　馬場流アレンジ版 … 94
焼きキャベツサンド … 96
肉吸い … 100
温　ツナ缶パスタ … 102
冷　納豆パスタ … 105

### 大豆製品

〈豆腐〉
ゴーヤチャンプルー … 27
失敗しない麻婆豆腐 … 38
厚揚げペペロンチーノ … 55
豆腐のナムル … 80
豆腐ドーナッツ＆
　アメリカンドッグ … 81
豆腐豚玉 … 85
肉吸い … 100

〈納豆〉
肉みそ納豆 … 34
新玉ねぎのネバネバサラダ … 82
スタミナ冷やし油うどん … 87
温　納豆パスタ … 104
冷　納豆パスタ … 105

### 野菜

〈アボカド〉
アボカド漬け … 61

〈枝豆〉
枝豆ペペ … 49

〈えのき〉
えのきのカリカリ焼き …… 15
白身魚のホイル蒸し …… 36
豚えのきのバタポン焼き …… 53
濃厚えのきチーズ焼き …… 58
無限もやし3品（しょうがピリ辛）
　…… 62
無限えのき3品 …… 64

〈エリンギ〉
エリンギの磯辺焼き風 …… 59

〈キャベツ〉
キャベツ焼き …… 13
卵で100円朝食 …… 68
キャベツの塩炊き＆
　キャベツの塩炊きパスタ …… 78
焼きキャベツサンド …… 96

〈きゅうり〉
ポリポリきゅうり
　〜ピリ辛中華ver〜 …… 16
無限きゅうり2品 …… 17
無限えのき3品 …… 64
サバ缶そうめん …… 106

〈ゴーヤ〉
ゴーヤチャンプルー …… 27

〈里芋〉
馬場家秘伝の豚汁 …… 40

〈じゃがいも〉
肉じゃが …… 32
悪魔の砂肝 …… 54

〈大根〉
無限ツナ大根 …… 19
馬場家秘伝の豚汁 …… 40
大根ステーキ …… 60
大根の千枚漬け …… 76
大根の浅漬け＆大根の皮のきんぴら
　…… 95

〈玉ねぎ〉
玉ねぎステーキ …… 21
豚のしょうが焼き …… 29

白身魚のホイル蒸し …… 36
鶏丼 …… 39
濃厚ケチャップのもちもちパスタ
　…… 42
新玉ねぎのネバネバサラダ …… 82
ホルモン焼きうどん …… 86
ツナ＆トマトのナムル …… 99

〈トマト・ミニトマト〉
ミニトマトの浅漬け …… 67
ベーコンエッグ丼 …… 88
ツナ＆トマトのナムル …… 99

〈長芋〉
濃厚えのきチーズ焼き …… 58
揚げないなすの揚げ浸し …… 41

〈なす〉
無限きゅうり2品 …… 17
カリッカリ茄子 …… 66
揚げないなすの揚げ浸し …… 41

〈なめこ〉
失敗しない麻婆豆腐 …… 38
卵豆腐と豚ひき肉のバカ旨丼 …… 90

〈ニラ〉
豚肉のとろっとろニラ玉 …… 26
失敗しない麻婆豆腐 …… 38
悪魔のささみ漬け …… 46
豆腐豚玉 …… 85
卵豆腐と豚ひき肉のバカ旨丼 …… 90
やみつきニラ2品 …… 98

〈にんじん〉
肉じゃが …… 32
白身魚のホイル蒸し …… 36
馬場家秘伝の豚汁 …… 40
無限にんじんしりしり
　無限にんじんラペ …… 74

〈白菜〉
白菜焼き …… 97

〈ピーマン〉
チンジャオロース …… 31
ピー肉 …… 33

濃厚ケチャップのもちもちパスタ
　…… 42

〈もやし〉
焼きもやし …… 14
鶏もやし …… 50
無限もやし3品 …… 62
豆腐豚玉 …… 85

〈レタス〉
しっとり柔らか豚しゃぶ …… 28
豚バラのレタス巻き …… 72
照り焼きホットサンド …… 84
無限レタスの浅漬け …… 101

〈レンコン〉
無限レンコンサラダ …… 77

## 乳製品

〈チーズ〉
焼きもやし …… 14
えのきのカリカリ焼き …… 15
濃厚ケチャップのもちもちパスタ
　…… 42
ワンパントースト …… 52
ちくわチーズベーコン …… 57
濃厚えのきチーズ焼き …… 58
エリンギの磯辺焼き風 …… 59
豚バラのレタス巻き …… 72
照り焼きホットサンド …… 84
カルボナーラめし …… 89
ライスペーパーロール …… 91

## その他

〈しらたき〉
肉じゃが …… 32
しらたきすき焼き …… 73

〈中華麺〉
バカ旨まぜそば …… 20

## おわりに

さあ！ 厳選した僕のとっておきのレシピをみなさんにお届けしましたが、みなさん、いかがでしたか？ おいしかったですか？ うんうん、そうでしょう、そうでしょう（笑）。

こうして見てみると、本当にたくさんの料理を作ってきました。

「はじめに」でもお伝えしたとおり、僕にとってYouTube「ばばっと！馬場ごはん」での料理動画配信は、みなさんとの交流の場です。それが楽しくて続けてこれました。みなさんの「おいしい」の声から、みなさんの笑顔が見える気がして。

この本を読んでくれたみなさんの食卓が、毎日が、おいしく楽しく幸せで満たされるものであることを心から願っています。

これからも、よろしくお願いしますね。

2025年1月

馬場裕之

### 馬場 裕之（ばば・ひろゆき）

1979年生まれ。福岡県出身。お笑いトリオ・ロバートのメンバー。料理人、YouTuber、俳優、声優など幅広い分野で活動を行う。幼少期より祖父母が畑や漁をしていたこと、自然豊かな環境で育った影響もあり、料理や食材の大切さに関心を抱くようになる。料理や食材だけでなく、調味料や調理器具への造詣も深い。現在は農場所有や実業家として飲食業に関わるなど、芸人の枠を超え活動している。2020年に自身のYouTubeチャンネル「ばばっと！馬場ごはん」を開設。その穏やかで見る人をほっこりさせる人柄と、視聴者の毎日に寄り添う「無理なく、ムダなく、素材の味を生かした料理レシピや調理アイデア」の数々が人気を集め、チャンネル登録者数は125万人超（2025年1月現在）。著書に『ロバート馬場ちゃんの毎日毎日おいしい本』（KADOKAWA）、『ロバート馬場ちゃんのキッチンmemo　いつもの料理が"パっと"おいしくなる魔法』（三才ブックス）など。

## STAFF

編集協力 ● 渡辺有祐　谷野真理子 (株式会社フィグインク)
撮影 ● 原田真理
デザイン ● 狩野聡子　蓮尾真沙子 (tri)
調理 (本書の料理写真) ● 吉川愛歩
調理アシスタント (本書の料理写真) ● 岡村恵　宮川彩
フードスタイリング (本書の料理写真) ● 鈴石真紀子
撮影協力 ● UTUWA
校正 ● フライス・バーン
製版 ● 株式会社グレン
写真提供 ● TVQ九州放送

制作協力 ● 吉本興業株式会社
　　　　YouTubeチャンネル「ばばっと！馬場ごはん」制作スタッフ
　　　　　プロデューサー　今宮裕也
　　　　　演出　大嶽寿子

YouTubeチャンネル「ばばっと！馬場ごはん」

### ロバート馬場の
### ばばっと作れて一生うまい！
# 馬場ごはんベストレシピ

2025年3月11日　第1刷発行

著者　　　馬場裕之
発行人　　川畑 勝
編集人　　中村絵理子
編集担当　酒井靖宏
発行所　　株式会社Gakken
　　　　　〒141-8416　東京都品川区西五反田2-11-8
印刷所　　大日本印刷株式会社

●この本に関する各種お問い合わせ先
本の内容については、下記サイトのお問い合わせフォームよりお願いします。
　　　　　https://www.corp-gakken.co.jp/contact/
在庫については　Tel 03-6431-1250 (販売部)
不良品 (落丁、乱丁) については　Tel 0570-000577
学研業務センター　〒354-0045 埼玉県入間郡三芳町上富279-1
上記以外のお問い合わせは　Tel 0570-056-710 (学研グループ総合案内)

©Hiroyuki Baba,Yoshimoto Kogyo 2025 Printed in Japan

本書の無断転載、複製、複写 (コピー)、翻訳を禁じます。
本書を代行業者等の第三者に依頼してスキャンやデジタル化することは、
たとえ個人や家庭内の利用であっても、著作権法上、認められておりません。

学研グループの書籍・雑誌についての新刊情報・詳細情報は、下記をご覧ください。
学研出版サイト https://hon.gakken.jp/